山东省重点马克思主义学院建设经费资助项目

新时代思想政治教育丛书

大学生思想政治教育问题研究

赵开开 苏童 主编

天津出版传媒集团

天津人民出版社

图书在版编目（CIP）数据

大学生思想政治教育问题研究 / 赵开开, 苏童主编
. -- 天津：天津人民出版社, 2023.6
（新时代思想政治教育丛书）
ISBN 978-7-201-19489-9

Ⅰ.①大… Ⅱ.①赵… ②苏… Ⅲ.①大学生—思想
政治教育—研究—中国 Ⅳ.①G641

中国国家版本馆 CIP 数据核字(2023)第 096997 号

大学生思想政治教育问题研究
DAXUESHENG SIXIANG ZHENGZHI JIAOYU WENTI YANJIU

出　　版　　天津人民出版社
出 版 人　　刘　庆
地　　址　　天津市和平区西康路35号康岳大厦
邮政编码　　300051
邮购电话　　（022）23332469
电子信箱　　reader@tjrmcbs.com

责任编辑　　武建臣
特约编辑　　郭雨莹
装帧设计　　汤　磊

印　　刷　　天津新华印务有限公司
经　　销　　新华书店
开　　本　　710毫米×1000毫米 1/16
印　　张　　15.25
插　　页　　2
字　　数　　240千字
版次印次　　2023年6月第1版　2023年6月第1次印刷
定　　价　　78.00元

本书编委会

主 编:赵开开 苏 童

成 员:冯明盼 耿雨欣 韩明月 刘佳琪 刘晓彤

　　　孙 倩 王雅晴 张晓凤 张晓敏

前　言

　　随着社会的进步和发展,国家对人才的需求呈现出多样性,高校思想政治教育专业所承担的培养任务也随之发生了变化,除了要培养思想政治教育的师资外,还要承担起为马克思主义理论学科建设培养人才,为社会培养优秀思想政治教育工作者的任务。但是目前高校思想政治教育专业的课程设置、课程内容都不同程度地存在着教材体系老化、教材内容重复、师范特色不鲜明、针对性和时代感不强、课程内容稳定性不足等问题。能否使课程设置和教材内容与瞬息变化的社会现实相适应,关乎思想政治教育专业自身的发展和完善,关乎青年一代大学生社会主义核心价值观的培育。为了加强高校思想政治教育专业建设,我们结合当下高校思想政治教育问题编著了此书。

　　我们将在公民素质教育与政治素质教育相融合的原则指导下,建构具有前瞻性、可操作性的高校思想政治教育专业课程体系,以推进大学生人文精神、科学素养和创新能力的综合发展为目标,力争使本书结构合理、内容新颖,符合时代发展要求。在本书编写过程中,我们力求坚持知识、能力、素质协调发展、综合提高的原则,加强创新精神和实践能力培养,反映现代科学文化的发展和国际政治经济的变化，以适应我国改革开放和社会主义现代化建设的需要，适应高校思想政治教育专业课程改革的要求和人才培养的需要。

希望本书的出版和推广，能够提高对大学生进行马克思主义理论教育、思想政治教育的成效，能够适应推进马克思主义理论学科建设、基础教育改革的需要，使高校思想政治教育专业培养的人才既能胜任思想政治教育教学，同时也是优秀的思想政治教育工作者，为高校思想政治教育专业课程建设尽我们的微薄之力。

编　者

2022 年 10 月

目录
CONTENTS

第一讲　大学生思想政治教育概论

思想政治教育是一门科学，大学生思想政治教育是高校教育的重要组成部分。高校思想政治教育工作关系着高校培养什么样的人、如何培养人以及为谁培养人这一重要问题。要坚持把立德树人作为思想政治教育的中心环节，把大学生思想政治教育工作贯穿高校教育教学全过程，实现全程育人、全方位育人，努力开创我国高等教育事业发展新局面。

一、什么是思想政治教育

思想政治教育作为思想政治教育学科的核心概念，不仅是分析思想政治教育现象与本质的前提和基础，也是思想政治教育全部学科理论研究的前提和基础。随着思想政治教育学科发展的日益规范化、科学化，我们对思想政治教育的概念必须有一个比较明确、清晰的界定和把握。

(一)思想政治教育的内涵

关于什么是思想政治教育，陈万柏、张耀灿在《思想政治教育学原理》中指出：思想政治教育是"社会或社会群体用一定的思想观念、政治观点、道德规范，对其成员施加有目的、有计划、有组织的影响，使他们形成符合一定社会或一定阶级所需要的思想品德的社会实践活动"①。郑永廷在《思想政治教育学原理》(第二版)中指出："思想政治教育是教育者与受教育者根据社会和自身发展的需要，以正确的思想、政治、道德理论为指导，在适应与促进社会发展的过程中，不断提高思想、政治、道德素质和促进人的全面发展的过程。"②以上两种观点是学界所普遍认可的，也是比较科学、具有代表性的观点。

张耀灿等认为，思想政治教育是中国精神文明建设的首要内容，也是解决社会矛盾和问题的主要途径之一。思想政治教育既十分重要，又相当难做，尤其是在市场经济的条件下，中国的思想政治工作存在着相对疲软的状况，表现为不适应现代社会发展的要求。造成思想政治工作不力的原因有很多，其中一个重要的原因是长期以来忽略了人格教育及培养。人格教育是思想政治教育的基础，没有这个基础，思想政治教育就犹如无根的浮萍，总是漂浮在人的思想表面而不能深入下去。原因在于：第一，人格是人生价值观念形成的稳定的心理基础。人的价值观念必须统一和稳定，而这就需要一个人的心理过程及其人格形态是统一而稳定的。否则，分裂的人格只能产生出分裂的观念。第二，人格是形成特定世界观和人生观的内在心理依据。世界观是对于世界的基本观点，正确的世界观虽然来自正确的理论指导和学习，但如果没有良性的人格形态作为内在心理依据，外在的观念灌输就很难起作用。第三，人格是形成特定道德素质的主要动力。人格具有品质化的特性，因此人格一旦形成，人就具有了相应的内在质地，不同的质地会适应不同的道德倾向，良性的人格自然易于建立良性的道德素质。当然，人格的这些基

① 陈万柏、张耀灿主编：《思想政治教育学原理》，高等教育出版社，2016年，第4页。

② 郑永廷主编：《思想政治教育学原理》(第二版)，高等教育出版社，2016年，第3~5页。

础作用并不是绝对的,而往往是相对的,同时它还对人的价值观、世界观、人生观和道德意识具有影响和转化作用。因而,人格既有统一性和稳定性,也有分化性和可变性,这些特性也决定了良性人格的不易养成。总之,人格状态可以说就是细微的、隐性的和原始的思想道德状态,而思想道德则往往是发展了的、成型的、成熟的、显性的人格表现。

(二)思想政治教育的特点

思想政治教育至少具有导向性、群众性、渗透性、综合性四个方面的特点:

首先,思想政治教育具有导向性。思想政治教育坚持主流意识形态的主导与灌输,这决定了思想政治教育的导向性。主要体现在,思想政治教育坚持马克思列宁主义、毛泽东思想和中国特色社会主义理论体系,坚持中国特色社会主义道路,坚持中国特色社会主义共同理想和共产主义远大理想。

其次,思想政治教育具有群众性。陈万柏、张耀灿(2016)认为,思想政治教育覆盖对象广泛,包括全体社会成员,我国正处于社会主义初级阶段,要实现中华民族伟大复兴、中国特色社会主义共同理想,就必须充分调动人民群众的积极性,对他们开展思想政治教育。[1]

再次,思想政治教育具有渗透性。思想政治教育不仅仅是高校教师对大学生的教育,还包括社会中各个领域的教育。思想政治教育面向社会各界,进入各种社会群体和各个年龄段的人群。在日常生活中更能反映人们的思想政治教育状况。教师、学生以及家庭和社会成员均是思想政治教育的主体,应在细微之处进行思想政治教育。

最后,思想政治教育具有综合性。思想政治教育的目标具有综合性,社会主义核心价值观分别体现了国家层面、社会层面以及公民层面的目标;思

---

[1] 陈万柏、张耀灿主编:《思想政治教育学原理》,高等教育出版社,2016年,第13~14页。

想政治教育的内容具有综合性,它的内容体系包括科学世界观教育、人生价值观教育和心理健康教育等各个方面;思想政治教育的方法具有综合性,教育方法灵活多样。

二、大学生的群体特征

作为社会新技术、新思想的前沿群体和国家培养的高级专门专业人才,大学生代表年轻有活力一族,是具有开拓性的建设与创造的主力军,是推动社会进步的主要人群。

不同时代的大学生具有不同的群体特征。20 世纪 60 年代的大学生理想主义色彩鲜明,他们课外读的是《钢铁是怎样炼成的》《青春之歌》《红岩》等充满理想主义色彩的读物。他们在相对重实践轻理论的教学思路指导下,在工厂和田间劳动的时间多于在课堂中学习的时间。他们的想法颇具理想色彩,这样的理想使他们的青春充满了热情奔放的激情。70 年代是一个大转型大变革时代,沉重的现实使大部分原本有着理想主义思想的年轻人感到无奈。在大量影响他们生活质量的现实问题面前,他们本能地选择了稍稍现实和功利一些的处世方法。80 年代中后期的大学生处于国家经济和社会生活不断发展的新时期,就业形势与毕业发展前景一片光明。他们开始把更多的精力和时间消耗到 "没什么用但让自己感到快乐的事情"上去。无论在阅读兴趣还是当时流行于大学校园的各种文化和娱乐活动等方面,均有所体现。而后的 "90 后" "00 后"大学生,亦表现出不同的具有时代特色的群体特征。

(一) "90 后"大学生群体的基本特征

基于某高校持续采集的大学生基础信息调研数据,对 "90 后"大学生群体的基本特征及典型群体间的差异进行系统分析。研究表明,"90后"大学生在全球化和信息化快速推进的环境中成长,学生个人发展期待更高,发展路径更加多元,但全球胜任力尚显不足,价值观念也深受网络影响,学业及发展压力持续提升,认同主流价值但政治认识尚不成熟。具体体现如下:[①]

　　大学生海外交流氛围浓厚,受多元文化影响深刻,但全球胜任力不足。大学生对海外文化持更加开放包容的态度,国际视野日益拓宽。调研显示,大学生参加学术会议、学术研修、文化交流、实习实践等海外交流项目逐年增加,近半数本科生在校期间有海外交流经历,研究生则超过六成。同时,国家和高校针对海外交流的资金支持,特别是对家庭经济困难学生的补贴机制也更加完善。在大学生未参与海外交流的原因中,项目资源和经济因素的比例逐年降低。虽然大学生海外交流日渐丰富,但是调研显示,30%的学生对克服陌生文化环境的压力明显缺乏信心,31%的学生缺乏跨文化语言表达的信心。在参与海外交流后的主要收获集中在"领略海外文化"及"体验海外大学氛围",反映出大学生的全球胜任力还有待提升。多元文化的交流碰撞对学生的思想也产生影响,一定程度上冲击着学生的文化自信,但如果引导教育得当,使学生在多元文化的比较中加深对中国特色社会主义文化的理解,则会建立起更广泛、更深远的文化自信。

　　无时不网、无处不网、无人不网,社交方式的改变和信息化影响着大学生的价值取向。移动互联技术深刻影响着大学生的学习与生活,网络使用的时间、空间、人群范围均有明显扩展,无时不网、无处不网、无人不网趋向常态化。调研显示,大学生使用网络时间逐年增加,使用微信的比例达到99.8%。学生"键对键"越来越多,"面对面"越来越少,与班级同学线上交流的时间逐年增加,线下交流的时间逐年递减,这给班集体建设带来新的挑战。网络深

---

　　① 郧浩、鄂炎雄、朱彤:《"90后"大学生群体基本特征分析》,《学校党建与思想教育》,2019年第19期。

刻影响着校园社交方式,学生交往心态更为平等自由,但与周围人的感情容易淡化,与现实产生距离感,导致学生沟通表达、组织协调等方面的能力有所弱化。学生课余休闲娱乐方式逐渐由线下转移至线上,2018 年学生休闲娱乐方式前三位的网络视频、电子游戏、微博等线上载体,全面超过了看电影、读书、运动等线下形式。网络深刻影响着大学生的价值观念。思想观念受网络影响较大的大学生群体对主流价值观认同度较低,同意"网络信息是影响态度、观念形成的主要因素"的学生群体,对"学术论文可以拼凑抄袭""金钱是衡量成功的标准"等观点的认同度显著高于不同意该观点的学生群体。经常使用抖音、快手等短视频应用的学生群体,对上述两个观点的认同度同样显著高于未使用此类应用的学生群体,可见时下最流行的短视频类应用对大学生价值观念产生了不可小觑的影响。此外,思想观念受网络影响大的学生群体的集体主义精神、公共服务意识以及对党和政府的认同度也更低。

大学生心态乐观向上,但学业及发展压力逐年增大,可能会影响其身心健康。大学生普遍具有较高的自我认同感和积极乐观的心态,个人前途、毕业去向和学业情况是其最关注的方面,反映了青年学生在大学阶段的成长诉求与切身利益。大学生逐年增大的学业压力不容忽视。近年来,学生在课程相关任务上投入的时间逐年增加,在跨专业学习、第二学位修读及线上教育等方面也投入了越来越多的精力。这也导致大学生晚睡现象非常普遍并且逐渐加剧,学生在 23 点以前入睡的比例不到 3%,凌晨 1 点后入睡的比例接近 30%,其中有 45%的学生晚睡原因是学习科研。除睡眠状况外,学生体育锻炼的频次与时长逐年下降,反映出学生健康生活习惯的逐渐缺失。综上所述,学生学业压力增大可能会影响其日常生活和身心健康,逐渐变差的生活习惯会进一步加剧身心负担,持续对学生健康成长产生不利影响。

学生认同主流价值,但政治认识不够成熟,政治淡漠现象值得警惕。当代大学生具有高度的国家认同感,对国家制度和发展前景充满信心,积极关注时事热点,对国家在世界上的影响力充分关注。超过 95% 的学生认为"我为自己的国家感到骄傲",近 90% 的学生强烈认同"改革开放的方向和道路是正确的"。大学生社会责任意识较强,功利意识较弱,对"个人价值的实现离不开国家和社会的需要""大学生应具备志愿精神"的认同度均超过 80% 且逐年上升。大学生具备较高的诚信意识,无论是对学术抄袭还是对市场经济环境中丧失诚信的恶性竞争等问题,都表现出低容忍度。大学生入党意愿更加清晰明确,入党积极分子比例逐年增加,对于入党"没想好"的学生逐年减少。在无入党意愿的学生不想入党的原因中排在前两位的是"对政治不感兴趣"和"认为自己不太成熟"。这反映出虽然在入党问题上学生选择更加清晰,但其思想成熟度依然较低,部分学生表现为因固有观念而排斥政治,部分学生表现为政治淡漠,这都为高校思想政治工作带来了更大的挑战。

(二)"00后"大学生群体的基本特征

"00 后"一代作为新的有生力量迈入高校学习生活,高校教育工作者应准确把握"00 后"大学生的群体特征,深入探索"00 后"大学生思想政治教育路径。"00 后"是一个具有鲜明特色的学生群体,他们在步入大学后开启了更加具有自主性、探索性和创新性的学习生活,呈现出个人意识强烈、网络行为多样、处世态度理性等群体特征。具体体现如下:[1]

(1)个体意识强烈。思想意识趋于个性化是"00 后"大学生的一大特点。首先,"00 后"大学生成长于一个提倡开放、独立和自由的时代,具有较强的独立性和自主性。其次,大多数"00 后"大学生家庭经济条件优渥,受物质条件制约较少,更注重个体的情感表达和价值体现。从社会发展环境来看,"00 后"的发展空间越来越大,个体的可塑性越来越强,与此同时,他们面临的对

---

① 沈千帆、付坤、马立民、黄荟宇:《"00 后"大学生的群体特征及教育策略》,《学校党建与思想教育》,2019 年第 24 期。

于个人能力和知识储备的挑战也越来越大。因此他们在潜意识中往往会更加注重个人意识表达的效果，思考如何保护个人权益，努力实现个性化的价值追求。

（2）网络行为多样。"00后"大学生被称为"数字土著"，很早就广泛接触互联网信息，从思维方式到娱乐方式都属于"互联网的一代"。一方面，"00后"大学生的网络行为较以往更加多样化。《中国青年报》与腾讯 QQ 联合发布的《"00后"画像报告》显示，"00后"使用互联网进行追星、打游戏、交友、自拍、看动漫、看综艺、读书等活动（排名按照选择比例由高到低），他们的行为选择及活动频率表现出重娱乐而轻学习、对网络高度依赖等特征。另一方面，"00后"大学生身处信息爆炸的时代，兴趣转移很快、视阈狭窄、角度陈旧的内容难以吸引他们的注意力，而具有独特视角、创新风格的 KOL（Key Opinion Leader，即关键意见领袖）所发表的内容更容易引起他们的关注和思考。"00后"大学生对于 KOL 群体的向往和对网络阵地话语权的追求，促使其在各个平台汲取相关知识，以期运用移动互联网以个性化的方式表达观点，带动和引领他人产生情感共鸣和价值认同。

（3）处世态度趋于理性。以"00后"大学生中的追星现象为例，他们不再仅仅用"英俊""帅气""美艳"来形容自己的"爱豆"（即偶像），而更喜欢用"成熟""有才""敬业"等词作为偶像的标签。这从一个层面折射出"00后"大学生对明星的崇拜，更倾向于通过挖掘他们身上的才艺和品格，找到"戳中"自己的某一点，即找到情感和价值的认同。此外，《"00后"画像报告》显示，"00后"大学生所在的家庭收入更高，他们除了有更高的消费力，还有更大的财务自主权，而 61.6% 的"00后"大学生认为，"温暖的家庭与知心好友"是未来生活中必不可少的部分，大大超过了对收入的期待（45.7%）。虽然"00后"大学生的消费水平较高，但他们倾向于理性地进行消费升级。

三、什么是大学生思想政治教育

学生是国家的希望、民族的未来，学生的素质能力直接影响到社会的发展水平，所以高校应该重视大学生思想政治教育工作，以立德树人为教育工作的根本目标，朝着这一根本目标努力，为大学生指明正确的政治方向，提升大学生的思想政治觉悟和水平。

(一)大学生思想政治教育的内容

对高校大学生进行思想政治教育的内容，至少应做好以下四个方面工作：

经常地、切实地进行形势和政策教育。帮助青年学生了解国内外形势，了解党的路线、方针和基本政策，可以使他们认清形势，明确奋斗目标，增强前进信心，更好地团结在党的周围。要通过摆事实讲道理，使他们认识社会主义制度的优越性，理解改革的伟大意义，正确对待改革中的困难和问题。要把形势和政策教育列入教学计划，针对学生的思想实际进行教育，这也是生动活泼的马克思主义教育。各级领导干部要到学校去，同师生座谈，向师生报告，并形成一项制度，长期坚持下去。

加强和改进马克思主义理论教育。马克思主义理论教育，对于学生树立正确的人生观和科学的世界观，树立共产主义的远大理想，具有十分重要的意义。要认真贯彻执行党中央关于高校思想政治教育改革的相关通知。改革马克思主义理论课程教学的目的，是增强马克思主义理论课的说服力、吸引力和战斗力。改革的关键是贯彻执行理论联系实际的方针，引导学生从人类和中国社会发展史中认识马克思主义的科学性。对当代世界和我国实践中提出的重大理论问题和现实问题，要破除烦琐哲学和神秘化，组织高等学校和理论界的力量，协作攻关，向学生提供有说服力的材料和观点，做出马克思主义的回答。对学生关心的问题不能回避,要改变单纯注入式教学方法,提倡启发式的教学方法,开展在教师指导下的课堂讨论,使学生通过自己的思考和对不同观点的比较掌握真理。设有哲学社会科学院系的高等学校应该成为马克思主义的学术研究阵地。要运用马克思主义的基本原理积极探索社会主义现代化建设中的重大理论问题和实际问题,并对国内外一些有影响的观点和思潮,做出正确的评介。要十分重视文科教育与社会实践的结合,走出一条具有中国特色的社会主义文科办学道路。要充分估计现代科学技术的进步对马克思主义的新发展所产生的影响。要引导和组织自然科学工作者和社会科学工作者进行协作,对自然科学发展中的哲学问题和科学技术革命对社会的影响进行研究和讨论。

进行爱国主义教育和革命传统教育。要进行爱国主义教育,使学生成为忠诚的爱国者,并以此为起点,逐步提高觉悟,成为共产主义战士。引导学生认识自己的命运和祖国的命运不可分,和党的命运、社会主义的命运不可分,把爱国主义热情引导到为祖国的现代化建设而刻苦学习、奋发进取上来。爱国主义教育应当与国际主义教育相结合,使学生了解我国奉行的独立自主外交政策,正确认识实行对外开放政策的必要性,既要防止盲目的排外情绪,也要反对崇洋媚外、全盘西化的思想,以增强民族自尊心和自信心。爱国主义教育要与革命传统教育、学习中国革命史结合起来。各类高等院校都要开设介绍祖国历史和文化的课程和讲座。对我国传统文化思想和国外的文化思想,都不应该采取全盘肯定或全盘否定的态度,而应贯彻"古为今用,洋为中用"的方针,吸取对我国社会主义现代化物质文明和精神文明建设有用的部分。在学生的课外活动中,也要进行各种形式的学生喜闻乐见、生动活泼的爱国主义和革命传统教育。

进行品德和纪律教育,树立良好的学风和校风。高等学校对学生必须严格管理,同时又要有民主的、生动活泼的政治风气和浓厚的学术风气与良好的文明教养,在建设社会主义精神文明方面应该走在社会的前头。要通过共产主义的思想品德教育,引导学生树立全心全意为人民服务的意识,正确处理个人利益和国家、集体利益的关系。共产主义思想品德教育要贯穿在课程和课外活动中,还要结合专业培养学生的职业道德。要针对学生普遍关心的有关人生、理想、道德等方面的问题,给予正确的回答。要善于运用社会上和师生中榜样的力量,对学生进行教育。要通过民主和法制教育,帮助学生认识社会主义民主和法制对于维护安定团结、保证社会主义现代化建设的重要作用;明确民主与集中、自由与纪律的辩证关系,弄清社会主义民主同资产阶级民主、无政府主义的区别。从新生入学起就要教育他们必须严格遵守校规,遵守社会公德,培养遵纪守法的良好品德,反对各种破坏学校、社会秩序的行为。学风和校风对学生有潜移默化的重要作用。要通过干部和教师的表率作用,引导学生把培养勇于创造的精神与严格的科学态度结合起来,逐渐形成实事求是、勤奋学习、民主团结、不断进取的学风和校风。

(二)大学生思想政治教育的意义

加强和改进大学生思想政治教育是一项重大而紧迫的战略任务。

大学生是十分宝贵的人才资源,是民族的希望,祖国的未来。加强和改进大学生思想政治教育,提高他们的思想政治素质,把他们培养成中国特色社会主义事业的建设者和接班人,对于全面实施科教兴国和人才强国战略,确保我国在激烈的国际竞争中始终立于不败之地,确保加快实现社会主义现代化的宏伟目标,确保中国特色社会主义事业兴旺发达、后继有人,具有重大而深远的战略意义。

改革开放以来,党中央坚持"两手抓、两手都要硬"的方针,切实加强和改进对大学生思想政治教育工作的领导。各地区各部门和高等学校认真贯彻落实中央要求,加强和改进思想政治教育工作,在培养高素质人才、推动高等教育改革发展、维护学校和社会稳定等方面发挥了重要作用。当代大学生思想政治的状况总体上是积极、健康、向上的。他们热爱党，热爱祖国，热爱社会主义，坚决拥护党的路线方针政策，高度认同马克思列宁主义、毛泽东思想、邓小平理论、"三个代表"重要思想、科学发展观、习近平新时代中国特色社会主义思想，充分信赖党中央，对坚持走中国特色社会主义道路、实现社会主义现代化、实现中华民族伟大复兴的宏伟目标充满信心。

新时代国际国内形势的深刻变化，使大学生思想政治教育既面临有利条件，也面临严峻挑战。国际敌对势力与我国争夺下一代的斗争更加尖锐复杂，大学生面临着大量西方文化思潮和价值观念的冲击，某些腐朽没落的生活方式对大学生的影响不可低估。随着对外开放不断扩大、社会主义市场经济的深入发展，我国社会经济成分、组织形式、就业方式、利益关系和分配方式日益多样化，人们思想活动的独立性、选择性、多变性和差异性日益增强。这有利于大学生树立自强意识、创新意识、成才意识、创业意识，但同时也带来一些不容忽视的负面影响。一些大学生不同程度地存在政治信仰迷茫、理想信念模糊、价值取向扭曲、诚信意识淡薄、社会责任感缺乏、艰苦奋斗精神淡化、团结协作观念较差、心理素质欠佳等问题。

面对新形势、新情况，目前大学生思想政治教育工作还不够适应，存在不少薄弱环节。一些地方、部门和学校的领导对大学生思想政治教育工作重视不够，办法不多，全社会关心支持大学生思想政治教育的合力尚未形成。学校思想政治理论课实效性不强，哲学社会科学中的部分学科教材建设滞后，思想政治教育与大学生思想实际结合不紧，少数学校没有把大学生的思想政治教育摆在首位、贯穿于教育教学的全过程。学生管理工作与形势发展要求不相适应，思想政治教育工作队伍建设亟待加强，少数教师不能做到教书育人、为人师表。综上所述，加强和改进大学生思想政治教育是一项极为紧迫的重要任务。

(三)大学生思想政治教育的方式

大学生思想政治教育工作的方式和方法,必须适应新形势、新时期的特点。要在新的条件下继承、发扬党的思想政治教育工作的优良传统,总结新的经验。在大学生思想政治教育工作中,应注意以下四点:

坚持说服教育和疏导的方针。对思想问题和不良行为要加以区别,思想问题不能用禁锢的方法,相反,要鼓励青年大学生善于思考和探索问题,但行为则要受纪律的约束。高等学校的党组织和各级领导干部、思想政治工作人员,对青年大学生要从爱护出发,平等待人,善于接近他们,做他们的知心朋友,把思想政治工作做到他们的心坎上。对于大学生的思想认识问题,要适应青年人的特点,采取民主讨论的方法、自我教育的方法来解决。要坚持以理服人、以情动人,而不能采取回避矛盾或简单粗暴、强制压服的方法。对大学生的意见要具体分析,合理的要接受,片面的要解释;对那些过激的、错误的言行,既要坚持原则、旗帜鲜明、敢于批评,同时也要坚持疏导的方针,允许他们有一个反复思考和认识的过程,欢迎他们以实际行动来改正错误。

把加强思想政治教育与引导大学生参加社会实践结合起来。多组织大学生在学习期间参加社会实践,包括参加劳动、社会调查、参观访问、勤工助学等活动,目的是使大学生接触社会,了解人民群众的思想感情和他们所进行的社会主义建设与改革的实践,培养为人民服务的思想,加强理论与实际的联系。学校的教育计划和教学内容都要为此进行必要的调整。既要有不计报酬的公益劳动,也要有与专业结合的生产劳动和科技服务活动。工矿企业、农村、有关部门要积极为高等学校大学生提供参加社会实践的条件,共同做好培养人才的工作。还可以组织高等学校的大学生参加一定时间的军事训练,既可以提高大学生思想觉悟、培养组织纪律性、增强体质,同时也可以为培养预备役军官创造条件。

把加强思想政治教育和加强行政管理结合起来。对大学生的学习、道德品质、组织纪律应提出合理而又严格的要求，建立并健全规章制度。要普遍建立并不断完善品德评定与毕业鉴定制度。要通过宣传教育，使大学生自觉遵守这些规章制度，但不要单纯采取行政命令的办法。从招生到毕业分配，在各个环节上，必须切实保证培养出来的学生不仅专业是合格的，而且政治思想也是合格的。在选拔研究生、出国留学生时，不仅要求学生成绩好，而且在政治思想上必须优秀。

把加强思想政治教育同关心和改善大学生的学习、生活条件结合起来。应该把关心群众生活作为一项重要任务来抓，切切实实地解决这方面的问题。凡是要求合理又能解决的问题应及时解决，不推不脱。对于一时不能办到的，要积极创造条件逐步解决；对不可能办到的事情，要耐心解释，讲明实际情况；对于不正确的意见、不合理的要求，则应批评教育，不可无原则地迁就。要使大学生了解中国还是一个发展中的国家，生活水平只能随着生产的发展而逐步提高，要在大学生中提倡艰苦奋斗的精神和勤俭朴实的作风。

（四）大学生思想政治教育的队伍

1.加强教职工队伍的思想建设，大力提倡教书育人、服务育人

办好社会主义的高等学校，培养德才兼备的大学生，教师起着决定性的作用。教师的思想品德对大学生有潜移默化的影响。教师把思想政治教育与教学工作结合起来，更容易为学生所接受。这就要求教师坚持正确的政治方向，忠诚于教育事业，全面关心学生的成长，努力做到教书育人、为人师表。

经过长期的考验，高等学校的教师队伍，可以说是一支值得人民尊敬的好队伍。但是不少教师对建设和改革的实际了解不够，少数教师受到错误思潮的影响。为使他们更好地担负起培养人才的光荣任务，应该在继续努力改善广大教师工作和生活条件的同时，热情关心和帮助他们不断提高思想政

治水平。学校要向教师介绍国家的形势,组织学习党的方针政策,积极提供参加社会实践、了解社会、接触群众的机会,使他们支持改革,正确认识和对待改革中出现的矛盾和问题。要帮助教师树立正确的教育思想与治学态度,使他们能够正确处理政治与业务、教书与育人、理论与实践、教学与科研、个人与集体等关系。要鼓励和推动教师经常接触学生,了解学生。要认真组织好教师的政治学习,倡导教师在自愿的基础上,结合工作和思想实际,选学一些马克思主义著作。青年教师是高等学校未来的希望所在,但其中不少人缺乏实践经验,应对他们严格要求、热情帮助,使他们不断提高政治、业务水平,做好本职工作。凡是缺乏实践经验的青年教师,都要安排一定的时间参加社会实践。

做好教师思想政治工作的关键是发挥党组织的核心作用和党员教师的先锋模范作用。每个党员教师、专家、教授,必须认真履行党员义务,努力做好教书育人的工作。为了使广大教师真正做到教书育人,需要有相应的政策、制度做保证。对教师要进行全面的考核,既包括教学的质量,也包括教书育人的情况。要大力表彰教学效果好、教书育人成绩优秀的教师。教师可以在教学中介绍不同的学术见解,但不能传播违反党和国家方针政策的错误言论。教师任职资格评审委员会主要由学术德育造诣高和教书育人成绩好的教师组成。高等学校的职工对培养学生有着重要的作用。加强职工思想政治工作,帮助他们进一步树立为人民服务、为教学科研服务的思想,勤勤恳恳做好本职工作,服务育人,这也是高等学校思想政治工作的重要方面。要发挥教育工会的积极作用,认真开好教职工代表大会,努力创造民主、团结、活跃的气氛,使广大教师职工心情舒畅地为社会主义教育事业做出贡献。

2.建设一支坚强的马克思主义理论队伍和思想政治工作队伍

马克思主义理论课教师和思想政治工作人员,是高等学校进行思想政治教育的骨干力量,必须十分重视这支骨干队伍的培养和建设。学校党委和校长要共同抓好这项工作。国家教委要选择若干所有条件的高等学校，建立马克思主义理论课教师的培训基地，以尽快提高和壮大这支队伍。

高等学校的思想政治工作队伍应由精干的专职人员与较多的兼职人员组成。其一，思想政治教育是一门以马克思主义理论为基础、综合性和实践性都比较强的科学，必须有专职人员作为骨干，并且要培养和造就一批思想政治教育的专家、教授和理论家。要将一些品学兼优的教师和毕业生选拔到思想政治工作队伍中来。专职思想政治工作人员要以主要精力从事思想政治工作，也要承担一定的教学任务。从事学生思想政治教育的专职人员是教师队伍的组成部分，应列入教师编制，实行教师职务聘任制。相关院校应认真办好思想政治教育专业，办好第二学士学位班，并创造条件培养这方面的硕士和博士研究生，为造就从事思想政治教育的专门人才开辟一条新路。其二，高等学校的每个班级均应配备兼职的班主任、导师或辅导员，可从教书育人好的教师和品学兼优的研究生、高年级大学生中选拔。这对于密切联系群众，结合思想政治工作与业务工作都有好处。他们中间许多人可以成长为既能从事教学、科研工作，又能兼做思想政治工作的专家、教授。经验证明，这种"双肩挑"的做法是培养和造就符合"四个现代化"要求的干部的一条重要途径。兼职人员从事思想政治工作的成绩应作为表扬奖励和晋升职务的重要依据之一，在他们工作一段时间后，还要酌情给予一定的脱产进修时间。兼职从事思想政治工作的学生，可以适当延长学习年限，在修完全部课程并考试合格后，按原定毕业时间毕业。其三，思想政治工作人员要服从党和人民的需要，处处起模范带头作用，发扬献身精神，努力提高思想理论和业务水平，改进工作，以实际行动赢得学生的信任和尊重。

3.提高高校领导班子的思想政治水平，加强和改善对思想政治工作的领导

贯彻党和国家的教育方针，改进和加强思想政治工作，关键在校、系两级领导。高等学校的领导干部不仅应有较高的专业和知识水平，而且应有较

高的思想政治水平和较强的领导管理能力,能够正确理解和执行党的路线、方针、政策,懂得如何办好学校、培育合格人才。党委书记和校长,应当努力成为社会主义的教育家。

学校党委对思想政治工作负有领导责任。要加强党的思想建设和组织建设;会同行政统一协调工会、共青团、学生会等各方面的力量,做好学生和教职工的思想政治工作;保证和监督党的路线、方针、政策的贯彻执行。校长要对学生的德智体全面发展负责,结合各项业务做好思想政治工作,推动教职工教书育人、服务育人。

要继续进行校长负责制的试点工作,认真总结已有的试点经验。高等学校不论实行何种领导体制,行政和党委都要搞好团结,紧密配合,共同做好工作。从党委到基层支部,都要从严治党,切实抓紧党内教育,改进和健全党的组织生活,开展批评和自我批评,使党员自觉地执行党的路线和方针政策,严格遵守党的纪律,增强党性。党组织要经常分析党内外思想情况,发动党员做好周围群众的思想政治工作,帮助群众及时解决各种思想问题。要重视在大学生中积极慎重地发展新党员,及时吸收那些具备党员条件的学生入党,杜绝任何降低标准的做法。

加强党委对共青团组织的领导。共青团要把群众性与先进性统一起来,寓思想政治教育于青年喜爱的各种活动之中,努力提高团员的先进性。要十分重视校、系两级团干部的选拔和培养,努力提高他们的思想觉悟和工作能力。

高等学校有许多民主党派和无党派人士,他们是搞好教育工作的重要力量,党委要重视做好统一战线工作,充分发挥他们在教学、科研以及教书育人中的积极作用。

党政领导干部必须努力学习马克思主义,加深对党的路线、方针、政策的理解;经常了解和研究国内外各种思潮对师生的影响,提高对错误思潮的鉴别和批判能力;只有这样,才能在复杂的情况下,保持清醒的头脑,坚持正确的政治方向。

推荐阅读书目:

1.郑永廷:《思想政治教育学原理》,高等教育出版社,2016 年。

2.陈万柏、张耀灿:《思想政治教育学原理(第三版)》,高等教育出版社,2015 年。

3.毕红梅、陈万柏主编:《思想政治教育学原理》,中国人民大学出版社,2021 年。

4.王萍:《高校思想政治教育研究》,吉林文史出版社,2019 年。

5.佘双好:《大学生思想政治教育研究方法》,高等教育出版社,2010 年。

第二讲　大学生思想政治教育中的自我教育

"内化于心，外化于行"，是关于加强思想政治教育创新性和实效性的精要概述。在大学生主体意识不断增强的同时，自我教育在高校思想政治教育中也发挥着越来越重要的作用。自我教育满足了大学生的自我要求，例如对自我认识、自我监督、自我管理、自我提升的强烈意愿，已然成为创新高校思想政治教育的新途径。

一、大学生思想政治教育中自我教育的含义和特点

系统学习大学生思想政治教育中自我教育的基本理论，既要理解基本理论的定义，又要把握大学生自我教育的特点，掌握大学生思想政治教育方法，为大学生自我教育提供重要的理论支撑。

（一）自我教育的含义

自我教育这个概念在学界并没有一个统一的界定，但它实际上是一个由来已久的重要概念。学界主要从以下两个方面对自我教育进行了界定。一

种观点认为,自我教育是一种不同于"他我教育"的教育方式。在自我教育中,学生个人是教育主体与客体的集大成者,是教育的起点和最终目标,在教育过程中实现了主体与客体的统一。在教育领域,自我教育与他我教育的地位相同,二者相互依存、相互补充。还有一种观点认为,自我教育是取得教育目标的一种方式和途径。教育者会在相关思想的指导下运用一定的方法和策略去达到相关教育目的,而这一过程方法就是教育的方式。相比于那些传统的教育方式,自我教育的独有特质使其对教育对象的针对性更强、影响更持续深远、方法更贴近实际。自我教育是教育主体在自身意识控制下,遵循人的身心发展规律,依据自身实际,选择教育内容去达到相关目标。自我教育体现在社会生活的方方面面,不仅存在于学校教育中。自我教育主要依靠教育主体主观能动性的发挥,但也需要教师等其他教育客体的帮助和引导。

大学生思想政治教育中的自我教育,即在大学生实行思想政治教育的过程中,在他们主体意识成长与发展的基础之上,在逐步社会化的过程中,通过大学生主客体的分离,把自己既看作是教育的主体又看作是教育的客体,按照一定阶级或社会所需要的道德规范的要求,从自身的思想道德实际水平出发,逐步审视自己,通过自我理解、自我评价、自我调控等手段,有目的地改造和提升自己的主观能动性,把自己培养成为一定阶级或社会所需要的人的一种教育实践活动过程。

(二)自我教育的特点

自我教育包括"自我"和"教育"两个范畴,"教育"是与其他教育相通的,其他教育所具有的共性在自我教育中也有体现。大学生思想政治教育中的自我教育不但对教育的适用范围而且对教育的对象也做了限定,这就要求我们在大学生思想政治教育中使用自我教育时,不但要注意它与其他自我教育的共性,更要注重它的个性。大学生思想政治教育中自我教育的基本特征主要表现在以下四个方面：

（1）主体性与客体性的相互补充。在以往的思想政治教育实践活动中，教育主体与教育客体相互区分，但自我教育是大学生在意识驱动下主动自愿参加的教育活动，大学生本身是教育者和受教育者二者的结合，教育的主体和客体在教育实践活动中实现了统一，这是大学生自我教育活动最鲜明的特质。作为教育主体来说，大学生对自身思想进步、理想和人生目标的追求使这一群体自身有着很强的学习内在动力。凡是符合大学生内心思想的内容都容易使其产生共鸣和认同感，从而被内心接受成为自身的思想观念的行为准则，并以此来指导自己的实践行动，依靠大学生已有能力对教育的内容和形式开展批判和深化发展，使大学生能够将思想政治教育中的一些基本思想和行为原则内化于心、外化于行。主客体相互补充的特征让思想政治教育有了更多的灵活性和针对性，甚至实现了主客体之间零距离的面对面交流，增强了思想政治教育的亲和力和大众性，使思想政治教育走进了大学生的日常生活中。

（2）主动性与自控性的相互统一。随着经济基础快速发展、上层建筑观念不断完善，许多高校逐渐突破了灌输式教育的局限性。在思想政治教育方面，需要发挥大学生参与思想政治教育实践活动的积极性和主动性，积极探索主流思想价值观念形成和发展的规律，运用自己的判断能力，有效地分析和整合各种理性资源和感性资源，独立思考，在实践中形成自己的认知体系。大学生在外地独自求学时远离了传统家庭教育的控制，现如今社会上的诱惑纷繁复杂，互联网在为生活带来方便快捷的同时也在腐蚀着人们的精神世界。大学生作为最先接触互联网技术的群体，受其影响和诱惑也更多。因此当大学生在受到外界不良诱惑或者自身遇到挫折难过沮丧时，自我教育就显得尤为重要。在这些重要时刻，自我教育首先能够发挥重要作用。在一般的教育过程中，受教育者处于客体的地位，对教育的内容是消极反应的。

大学生思想政治教育中的自我教育则不同，学生自身既是教育主体又是教育客体，自己教育自己，自己自觉地理解、调节和控制自己的思想和行动。大学生通过自我观察法和内省法来检查自己的行为，找出客体的我与主体的我的差别，在此基础上充分发挥自己的主观能动性，修正自己的思想和行为，以达到提升自身思想道德素质实现理想的目标。大学生的整个自我教育过程就是这样持续接受外界因素的影响并在对外界因素实行筛选整合的情况下，教育自己、调控自己、完善自己的过程。

（3）个体性与社会性的相互作用。大学生思想政治教育中的自我教育本质上是一个在主体支配下的自我教育的过程，可以满足大学生的个性化需求，具有针对性；但就自我教育的内容而言，并不能脱离社会需求，必须符合社会发展的基本规律，由此可以看出自我教育的社会性。高校的思想政治教育的目的在于给大学生提供思想方面的引导，以此减少在思想道德层面的良莠不齐。但每个大学生的家庭背景、教育经历和受教育环境等方面各不相同，自我教育更多的是根据自身具体情况确立思想和行为目标，从而选择教育内容，依据自身需要去对相关方面能力欠缺进行弥补，从而达到自由而全面发展的目的。大学生是社会主义事业的接班人，因此在思想政治教育社会化要求日趋强烈的情况下，自我教育应该带领大学生关注社会问题，服务社会，回报社会。

自我教育可以帮助大学生正确地理解个人与社会的关系，培养大学生的责任感，提高个人综合素质，从而使大学生更好地融入社会这个大家庭。大学生作为生活在社会中掌握丰富知识的群体，必定会受到社会的影响，同时他们自身的活动也会反作用于社会。自我意识这个自我教育的前提就是在社会中形成和发展起来的。人们也是在与别人先进思想进行对照比较才对自己有准确清醒地理解的；否则，不但不能实行准确地自我理解，也不能实现合理的自我评价。大学生在思想政治教育过程中实行自我教育时要按照一定社会的思想道德规范,通过自身的思想矛盾运动实现内化,最终把自己培养成为一定阶级或社会所需要的人。大学阶段是成才的关键期,根据自我教育针对性和社会性相互作用的这一特点,在自我教育实践活动开展的同时,可以同时满足大学生的个性化需求和社会化需要,在一定程度上弥补传统高校大学生思想政治教育的局限性,有利于大学生成长成才。

(4)长期性与渐进性的相互统一。自我教育是一个漫长的发展过程,并不是一蹴而就的。自我教育呈现长期性和渐进性的特点主要是因为思想政治教育这一概念的历史性特征。伴随着时代进步与发展,由经济基础决定的上层建筑也随之变化,上层建筑中的意识形态亦是如此。而个人的思想观念势必也要伴随主流思想观念而变化,与此同时,思想政治教育的目的、内容和方式方法都要发生变化。如果要将自我教育融入思想政治教育中,那自我教育一定也要具备长期性与渐进性的特点。自我教育要根据大学生实际随时进行调整,大学生在这一发展过程中依据不断变化的目标去调整自身行为以期达到预期目的,从而实现自身的全面发展。另外,自我教育的实践性也注定大学生自我教育会具有这一特点。思想政治教育所要解决的问题不同于一般问题,这类问题的解决需要一个具体的思想去指导,是一个长期的过程,大学生基本素养和知识的培养和构建也需要一定的时间,大学生利用自我教育这种教育的新形式来完成对于某种问题的选择和行为实践,从而形成对于这类问题的长期稳定的看法,这种认识具有持久性,可以在大学生人生的其他阶段去弥补其他教育的局限性。当大学生在日后离开校园生活时,自我教育也可以帮助他们保持自身的良好的学习习惯。自我教育是解决理想的我与现实的我之间矛盾的教育过程。人的需要的无止境与社会的发展性决定了此对矛盾是绝对的,二者之间的协调是相对的,这也决定了自我教育的终身性,也是自我教育与其他教育方式不同的地方。当大学生根据社会发展的要求和自身需要完成一轮自我教育后,如果自己设定的自我教育目标实现了,他们会根据社会的要求提出新的更高的目标;如果预期目标没有实现,他们则会根据自身思想道德水平的实际重新调整自己的计划,从而进入下一轮的自我教育过程。

二、大学生思想政治教育中自我教育的意义

随着我国各项事业的长足发展,思想政治教育的重要性在各个方面也日益凸显。近年来,我国思想政治教育工作在取得一定成就的同时也出现了一些问题,而自我教育是解决这些问题的一个重要方法。自我教育有利于提高大学生学习积极性,也是我国走向社会主义现代化的必由之路。

(一)改进思想政治教育工作的重要手段

大学生是高校思想政治教育的重要对象,教育的目的是提高大学生思想道德修养、促进大学生全面发展,为国家人民做贡献。自我教育是指受教育者为适应社会发展需要,主动提升自身修养而进行的活动,两者目标是一致的,思想政治教育可以通过大学生自我教育来实现,自我教育是高校思想政治教育工作的重要方法之一。自我教育对于实现高校大学生思想政治教学内化原则有重要意义。高校大学生思想政治教育的最终目的就是引导大学生树立符合社会发展规律的人生观、价值观与世界观,从而成长为社会主义事业接班人。而内化正是高校思想政治教育工作中最基本的原则之一。内化是受教育者将教育内容转化为个体意识,并自觉将这些意识运用于实践的过程。内化的过程需要经过自我教育这一手段去实现。因此高校思想政治教育工作者要帮助大学生深入思考,充分了解自己,从而能够对自身有一个客观公正的评价,推动高校大学生思想政治教育目标的实现。

(二)提高大学生学习主动性的重要方式

在大学课堂上,大学生追着老师提问的场景可能并不常见,部分学生对于老师提出的问题和布置的作业敷衍了事、不做深入思考。少数大学生大部分闲暇时间宁愿待在宿舍打游戏也不愿意去图书馆学习,对于一些公共课则是抱着能不去就不去的态度。课余时间并不会用来消化课堂上没有理解的知识点,对于很多专业课知识的掌握也只是囫囵吞枣。这是一种很危险的学习态度,长期下去会让大学生丧失部分学习能力。因此,作为旨在培养大学生正确人生观和价值观的思想政治教育,应该教会他们如何自己去学习,即如何正确地进行自我教育,从而既可以实现个人理想也可以兼顾社会价值的实现。在大学思想政治教育活动中,如果大学生没有发挥学习的主动性,不积极配合高校思想政治教育者的教学工作,就不会对大学生的思想政治教育内容产生心理认同,更谈不上积极接受教育。要想扭转这种局面,高校思想政治教育工作者要根据实际情况,通过举行多种不同类型的教育活动去调动大学生的主观能动性,在充分发挥大学生主体性的基础上将自我教育与他我教育相结合,从而提高大学生思想政治教育的时效性。大学生在思想政治层面的进步对于实现思想政治教育的目标具有重要意义,大学生思想政治素质的提高在灌输式教育的基础上,更为重要的是要发挥自身主体性去接受内容,积极进行自我教育,形成自我教育的良好习惯,从而实现教育目标。

(三)加强思想政治教育的必由之路

在快速发展的现代社会,为了保持良好的生活状态,每个人都必须要按时自省,给自己做思想工作、反思工作。要通过自我教育明白一些道理,否则他人再多的劝说也无济于事。高校作为培养社会主义接班人的摇篮,思想政治教育课作为大学生三观奠定的重要载体之一，只有让大学生学会自我教育、养成自我教育的习惯，才能发挥其真正的教育意义。自我教育对于实现思想政治教育的目标具有重要意义。要想实现思想政治教育目标，不仅要依靠思想政治教育工作者的教导，更需要大学生自身进行自我教育。如果大学生没有在发挥主观能动性的基础上进行自我教育，那么思想政治教育的目标可能就很难实现或是事倍功半。只有当大学生能够正确看待自己的不足，能在进行自我教育实践活动和自我提升的过程中根据国家和社会发展的要求，主动接受思想政治教育的内容，才能更好地提高自身的思想道德素质。另一方面，思想政治教育在理想状态下能够达到的目的就是自我教育替代他人教育。从高校的视角来看，思想政治教育不能单纯只是被动地解决某些问题，应该从高屋建瓴的角度去把握，通过教育使大学生能够主动提高自身素质去适应社会发展的要求。在日后走出校园步入社会时，大学生自己也能按照社会发展要求去积极主动地开展自我教育，实现高校思想政治教育的目标。

(四)适应现代社会新形势的明智之举

信息技术迅猛发展的信息化时代背景，要求大学生拥有极强的自我学习的能力。学生时代所能学习到的课本上的理论知识毕竟是有限的，思想政治教育所传授的知识相对也是有限的。但思想政治教育作为立德树人的重要实践活动，应该是贯穿终身的。这时候自我教育就显得尤为重要，大学生应该自觉更新观念，主动扩宽事业，积极追求进步，才能在纷繁复杂的社会做出正确的判断选择，更好地适应时代发展要求。随着改革开放的深入和全球化的不断发展，人们的活动范围不再局限于某个特定的单元，视野和活动范围都更加广泛。多元文化对人们所固有的世界观、人生观和价值观都产生了较大的冲击和影响，在一定程度上淡化了那些优秀的传统的政治认知、道德观念。大学生的思想观念与三观往往还不稳定，很容易受到西方不良文化和封建思想的影响。如果想让大学生能够在日益复杂的社会中清楚地辨析各种思想，就必须充分发挥大学生自身主观能动性，让他们学会自我教育，经常自我教育，让他们能够科学理性地进行思考和判断，并且适应快速发展的经济社会。

三、大学生思想政治教育中自我教育的潜在问题及原因分析

为了了解大学生自我教育现状和对思想政治教育的掌握情况，掌握关于一手数据和资料，多所高校设计并发放了《大学生思想政治教育中自我教育现状调查问卷》，并通过对问卷数据的分析得出调查结果。样本涉及高校各个年级以及文、理、工、医各个专业，共发放各类问卷 1000 份，剔除无效问卷后，共收回有效问卷 989 份，有效率为 98.9%。问卷分为两个部分：第一部分是关于调查对象的基本情况，第二部分是关于大学生自我教育与思想政治教育情况的调查。

（一）大学生思想政治教育中自我教育的潜在问题

自我教育的开展，为思想政治教育学科的建设奠定了坚实基础。思政政治教育工作者应充分认识到开展大学生自我教育的必要性，并将其贯穿于日常教学与管理工作之中。但由于大学生群体的多样性、独特性，所以难免会存在问题。

（1）大学生自我教育意识欠缺。社会经济快速发展，社会竞争内卷化严重，大学生毕业之后面临的压力早已今非昔比。这些外部环境因素，使大学生比以往任何时候对于成才的渴望都更加强烈，这对高校思想政治教育教学提出了更高要求。在这种情况下，自我教育成为高校关注的重点话题。近

年来,我国高等教育取得了巨大成就,特别是随着改革开放的深入发展,越来越多的大学生积极主动将大部分精力投入到理论知识、专业技能提高和社会实践之中,热衷于考研、考证和积累工作经验,从而提升自身竞争力。而对于自我教育的意识方面却相对薄弱,较少关注。实际上,中华民族伟大复兴的事业不仅需要理论知识丰富、实践能力强的人才,同时需要的也是政治素养和道德品质都过硬的全面发展的优秀人才。在调查的大学生群体中,有相当一部分学生的自我教育意识很薄弱。在"你认为自己的自我教育意识如何?"一题中,有63.73%的学生选择的选项为"较为薄弱",有47%的同学认同"自我教育没有必要"这一观点,他们认为学校的教育已经足够。这些数据充分表明,自我教育并没有在大学生群体中引起普遍重视。当被问到"你对自己有一个准确的认识吗?"时,32.84%的大学生表示很清楚自己的优点并且能够加以利用和发挥;39.05%的大学生表示大致清楚自己的优缺点、性格、兴趣爱好等;也有23.2%的大学生能在他人的指导下形成对自己的正确认识;还有4.91%的大学生表示很难认清自己,不知道自己是什么样的人。如果自我意识没有充分觉醒,很难充分发挥大学生自身潜能,也无法达到自我教育目标的预期效果。在高校的思政工作中,自我教育是一种重要方法,它可以让教育者更好地把握受教育者的思想动态,从而达到理想的教学效果。但是大学生在理解思想政治教育中的自我教育观念方面存在较大的局限性,有时会利用自我教育来提高自己,但部分大学生并没有真正认识到自我教育的重要性,因而没有对自身的自我教育行为进行深入的思考和系统的研究。

(2)大学生自我教育能力相对不足。大学生在日常的学习生活中,可以通过一些自我教育的方式参与到思想观念、价值判断和思维习惯的形成中,但是这些方式大多是碎片化的自我教育,没有形成相应的规模和日常化的习惯,这一问题往往容易被忽略。造成这种现象的原因,一方面是大学生自我教育的观念还不够深刻,另一方面是大学生自我教育的能力还没有达到运用自如的水平。在问卷调查中,面对"自我学习给你带来的效果"这个问题时,有51%的人选择了"需要较长时间进行消化"和"学习效果不佳,事倍功半"这两个选项,只有49%的大学生能够准确掌握或者大致掌握。大学生自我教育能力不足主要表现在以下三个方面:一是自我认识能力不足。一些学生对自己优点和缺点不够明确,无法正确全面地看待自己。还有部分大学生对自己的性格特点和行为举止了解不够深入,不能客观地评价自己。同时,大学生群体中存在着一定程度上的浮躁、自以为是的不良心态,这反映了大学生自我认知的偏差性,不能用发展的眼光看待自己。二是自我激励能力不足。激励是将个人行为转化为既定目标的强大内在动力,可以推动大学生的全面发展。三是自我控制能力不足。大数据时代下互联网和智能手机对大学生的学习生活有着极为深刻的影响,对大学生的自控能力有着极大的挑战。由于互联网具有隐秘性和开放性等显著特点,一些大学生难以把握上网时间和上网内容,从而造成了自身行为与预期目标的偏差,与自律行为相差甚远。

(3)大学生自我教育内容有待完善。在面对"自我学习过程中遇到的困难"这一问题时,有25%的学生选择了"没有自己的学习规划"这一项,32%的大学生选择了"难以理解学习内容",22%的大学生选择了"没有正确的学习方法",还有7%的人觉得自己"学习效率低下,学习效果不理想",更有12%的大学生认为自己存在多方面的困难。一方面从大学生自身的角度来说,自我教育的内容相对简单。调查结果显示,大学生自我教育活动的主要内容是如何实现人生价值,如何确定人生方向,但对正确世界观方法论、政治立场、政治原则的确定,道德法治观念和道德法治观念的建设,积极心态塑造等方面的研究相对较少。另一方面,从高校教育实践活动来看,自我教育的内容和形式都不够丰富。首先,高校对学生自我教育的内容没有明确、系统的规划和设计,对自我教育的理论研究成果也很少。其次,自我教育内容主要集中在传统的思想政治教育领域,自我教育内容和方法没有得到及时更新。最后,高校开展大学生自我教育主要依靠社团活动,但社团活动有很大局限性,如陈词滥调、内容单一、体系不科学等,影响了大学生自我教育的发展。

(4)大学生自我教育环境较为复杂。家庭、学校、社会等都属于自我教育活动的外部空间环境,外部环境不单单是影响自我教育活动的重要因素,也是开展自我教育活动的有力支撑,多重环境的不同特点从根本上决定着自我教育活动环境的复杂程度。从家庭环境层面来看,家庭氛围的不同会在一定程度上导致自我教育意识的不同。在轻松民主的家庭氛围与严肃刻板的家庭氛围中成长起来的大学生所产生的自我教育的意识是不同的。在学校环境方面,大学环境相对开放自由,对于自我教育的发展来讲可能是一把双刃剑。一方面,大学生群体基数庞大,高校由于人力和资源的有限很难对每个个体都关怀到位;另一方面,大学生学习和就业压力巨大,学校在建设扎实学风的同时很容易忽略精神建设。在社会环境方面,社会与家庭和校园的最大区别在于社会环境对于人的影响具有两面性。家庭和校园环境中的教育以正向引导为主,大多产生的是积极效应,而社会环境则有所不同,政治经济观念各异,宗教文化影响深远持久,社会舆情复杂,种种因素叠加,既可能对大学生自我教育产生促进发展的作用,也可能产生消极腐蚀的作用,甚至会对大学生自我教育的开展造成一定的不良影响。

(二)大学生思想政治教育中自我教育潜在问题的原因分析

大学生自身的自我教育的知识存在一定局限性。大学生根据自身、学校、家庭、社会等多方面的自我教育要求,制定关于自身的合理目标,统筹安排自己的教育内容和形式,通过自己的实践活动把思想政治教育的客观目标转化为自身的主观意愿,这个过程本身就很复杂。一些大学生由于个体发展不平衡、客观外部环境等多方面因素的叠加，没有能力和经验主动进行这一转化过程，所以在大学生的知识体系中关于自我教育方面的内容存在较大局限性。

高校对大学生的自我教育的重视程度有待进一步提高。高校对大学生自我教育的投入不足，究其原因主要有以下三个方面：第一，全社会对自我教育都缺乏足够的重视，整体的社会环境氛围，使得高校没有给予大学生自我教育应有的地位；第二，学校内部缺乏完整有效的自我教育保障制度；第三，高校管理者和教育者忽视了大学生自我教育的巨大作用，重视程度不足。高校的课程设置没有把自我教育作为思想政治教育的内容。在大学生自我教育方面，首先自我教育的内容并没有系统化地被纳入思想政治教育之中。其次，高校对于大学生自我教育的干预力度不足。自我教育虽然是大学生自己教育自己的一种教育方法，但也不能单单靠学生自己去完成，也需要旁人的指导。高校应当加强大学生自我教育的宣传力度，同时给予大学生相关指导。最后，一些高校往往缺乏对大学生自我教育的组织保障。这些问题的存在都阻碍着自我教育在高校和大学生群体中的发展。良好的自我教育应该可以达到一种润物细无声的状态，使大学生不知不觉地完成自我教育的目标。各类高校隐性教育的缺失，也延缓了大学生自我教育的发展。

大学生自我教育的社会环境条件并不充足。大学生群体是社会的一部分，自我教育实践活动都需要在社会中进行，政治、经济、文化都是影响自我教育功效的重要社会原因，因此自我教育不能没有各种社会力量的支持。大学生作为一个比较特殊的群体，具有思想跳跃性强、压力大、工作生活节奏较常人快等特点，这些特点决定了大学生群体更容易受到各种社会因素的叠加影响。改革开放以来，经济社会的发展给大学生的成长成才提供了很多机会，但在自我教育方面，配套的社会环境和文化氛围建设相对不足。

在新媒体时代下大学生自我教育面临新的挑战。相较于传统媒体，互联网时代的新媒体具有丰富的数据资源,有更强的互动性、开放性,有更大的传播范围与传播速度。这些鲜明的特征给自我教育提供了更好的发展机遇,提出了更为严峻的挑战,在大学生自我教育这方面也提出了更加严格的要求。以互联网作为主体的新媒体,在大学生群体中传播速度极快,影响力也极大,为大学生群体传播信息搭建了平台。一方面,这些良莠不齐的信息未经过滤就呈现在大学生面前,很难保证这其中没有暴力、色情、赌博等不良信息。对于自控能力和辨别能力没有达到一定水平的学生来说,会让他们的自我教育走进一个误区,也会增加选择自我教育内容的难度,容易造成大学生思想行为方面的偏差,进而造成很大的伤害。另一方面,由于互联网世界的异彩纷呈,一些意志力较为薄弱的大学生很容易沉迷其中。在这种情况下,新媒体技术不但没有促进大学生自我教育的发展,反而给大学生的日常生活带来了严重的不良影响。这样看来,新媒体技术不但会使大学生失去对于自我教育的热情,对于他们的自控能力也会是极大的挑战。

四、加强大学生思想政治教育中自我教育的对策

根据当前大学生自我教育的现状,大学生自我教育的实现大致需要经过明确原则、激发主体意识、培养能力、丰富内容、优化环境这五方面的推进。原则是自我教育的指导方针,主体意识是实现自我教育的关键因素,自我教育能力是实现自我教育的必要条件,内容是自我教育活动的灵魂,环境是实现自我教育目标的客观条件。把这五个方面有机统一之后再融入大学生的自我教育实践活动中,是解决当前大学生自我教育中存在问题的有效途径。

(一)明确大学生思想政治教育中自我教育的原则

坚持正确的政治方向。大学生是自我教育的主体,但不能忽视学校、家庭和社会等其他外部因素的指导作用。这些外部因素既是大学生自我成长和成才不可缺少的条件,也是高校进行思想政治教育工作必不可少的内容,它们之间存在相互作用并相互影响、相互制约的辩证统一关系。开展大学生的自我教育活动,必须坚持正确的政治方向,这种正确的政治方向关系到自我教育的效果,关系到大学生的自身发展。

坚持一切从实际出发。简单来讲,就是要从大学生自身情况出发,与思想政治教育的客观实际相结合,才能取得更好的成效。自我教育的灵魂在于其能够从教育主体自身实际出发,避免了"一刀切"的传统教育模式。与此同时,在坚持一切从实际出发原则的同时还要注意用发展的观点去推进自我教育,在动态平衡中把握自我教育的发展规律。

尊重自我教育中教育主体的个性化。在自我教育中尊重教育主体的个性化,就是要在自我教育活动过程中充分尊重教育主体的主观能动性,充分调动教育主体积极参与自我教育实践活动。高校思想政治教育工作者要根据学生自身特点和发展需要,通过对不同层次、不同类型学生的具体研究,制定符合其个体特征的培养计划,并将这种目标转化为实践行动,尊重学生个体差异,因材施教。个性的核心理念是独特性,自我教育要考虑每一个教育主体的独特性,只有基于这一原则的自我教育活动才能调动大学生的参与积极性。

内化于心,外化于行。在大学生思想政治教育活动中,自我教育的定义是以自我作为教育对象的客观实践活动,是指教育者在对受教育者进行有目的、有意识、有计划的引导和影响时所采用的方式方法及其作用过程,也就是思想政治教育的发生机制与运行规律。

(二)激发大学生思想政治教育中自我教育的意识

采用灵活多样的教育形式调动大学生的积极性。首先,高校应该充分发挥课堂教学的优势。教师在人生阅历、专业知识、心理素质、教育方法等方面都优于学生个人,是大学生进行自我教育最有效、最快捷的平台。因此要想使大学生形成良好的心理品质和健全人格,就必须发挥课堂教学的独特作用。其次,可以利用朋辈教育的影响。朋友在人生阅历等方面可以给彼此一些经验,而且相较于权威性的长辈,朋辈的建议更容易被接受。朋辈教育这个概念在近几年悄然走红,成为思想政治教育中不可忽视的力量抓手。最后,可以借助新媒体平台的力量去进行自我教育。伴随着新媒体技术的发展,使用其进行思想政治教育已经成为不可忽视的一种趋势。大学生可以通过学习强国、大学生慕课等应用程序进行自我教育,不仅提高了大学生在思想政治教育活动中的体验感和参与度,还提高了大学生思想政治教育中自我教育效率。

以教育主客体平等调动大学生主动性。不同于传统的思想政治教育,在自我教育中大学生主客体是统一的,大学生主客体的相互统一使得自我教育过程中的沟通、对话、理解与合作都变得畅通无比,主客体之间可以快速传达信息,及时反馈教育效果,为思想政治教育目标的实现提供了更好的保障。"我"同时作为教育主体和教育客体,两者在任何方面都没有差距,既能发挥教育主体的主导性作用,又能充分发挥教育客体的主观能动性。

通过自我教育过程愉悦化激发大学生的创造性。自我教育的过程应该是有趣的,兴趣是学生自我教育的先决条件。在当前的高校教学中,教师往往注重知识灌输而忽略了对大学生学习方法和思维方式的培养。因此要想提高教学质量就必须重视学生学习的主动性。思想政治教育可能会给大学生留下枯燥无聊的印象,但自我教育可以选择大学生感兴趣的话题,激发大学生的积极性,使自我教育的内容深入人心。另外,自我教育过程要有亲和力,从大学生关心的话题和他们的实际情况入手,利用好亲和力的特点去改变思想政治教育在大学生眼中呆板的印象,增强思想政治教育的实效性和对大学生的吸引力。

(三)培养大学生思想政治教育中自我教育的能力

培养思考和判断的自我认识能力。自我认识是大脑通过感觉、判断、推理等思维形式对客观世界进行加工改造的过程,自我认识能力是指个体对自身的认识和评价的能力。只有以认识自身作为起点,使主观认识与客观实际相符合,自我教育才能顺利开展。提高自我认识能力首先要多阅读去增加自己的知识厚度,其次要听取多方意见并最终形成正确的自我认识,最后要通过反思去沉淀自己,正确地评价自己的想法和实践行为。

养成敦促和鼓励的自我激励能力。激励的积极作用在于可以提高大学生参与自我教育活动的积极性,能够最大限度地激发大学生的内在潜力,给自我教育保持"惯性",使其能够对大学生产生深远持久的终生影响。大学生要提高自我激励能力和鞭策的能力,首先要欣赏和接纳自己,敢于正视自己的缺点,培养积极乐观的人生态度。在此基础上还要培养自己良好的心理素质,增强自信心,只有这样才能不断完善自我,使自己成为一个具有强大心理动力的人。其次要有不怕困难的决心与勇气。通过一些合理的方式,可以在某些方面取得成功,这些成功的经历会给大学生面对困难的勇气。最后要善于从他人经验中吸取教训,他人成功的经历也可以作为自己学习的范本,也可以从他人失败的经历中吸取经验教训。

掌握反馈和调节的自我控制能力。首先,要学会应对和调节自己的情绪。当产生不良情绪时,大学生可以通过转变自身看待问题的角度、变换客观环境或者是通过与他人交流沟通来缓解自身的消极情绪。其次,学会在危机中自我调节。面对各种压力，我们应该保持冷静，客观地思考问题。首先要树立正确的人生观和价值观，其次是增强心理承受能力和自我控制能力，最后是提高自身修养与素质。另一方面，大学生要有良好的适应能力，面对日益变化的外部社会，要根据客观环境去主动调节自身心态与行为。在面对复杂的环境时要积极适应，在遇到危险与困难时也要主动去解决。

培育分析和总结的自我反思能力。自我反思贯穿于自我教育的全过程，是对自我认知、自我激励和自我反省等环节的补充。提高自我反思能力，要从两方面入手，首先要认识自我，从自思做起，在实践中善于反省和总结。二是要形成全社会共同反省的氛围。中国共产党"批评与自我批评"的作风，体现着反省的重要性。所以在大学生群体中，要形成良好的严于律己、宽以待人的学习氛围，积极培养大学生的自我反省意识和习惯。

（四）丰富大学生思想政治教育中自我教育的内容

在马克思主义指导下坚定理想信念。在价值观念良莠不齐的当今世界，大学生在选择指导思想时容易出现"乱花渐欲迷人眼"的情况。马克思主义作为科学的世界观和方法论，对于解决大学生在理想信念方面的迷茫，帮助大学生确立正确的价值观念方面起着重要的作用。马克思主义思想具有科学性、革命性、实践性、人民性、发展性等基本特点，是中国特色社会主义的信仰支撑，为思想政治教育的发展提供了重要的思想保障。

以社会主义核心价值观为导向培养道德情操。社会主义核心价值观已经融入社会生活的方方面面，自我教育也不应该例外，应紧跟时代变迁，融入社会主义核心价值观的内容。大学生积极主动培育和践行社会主义核心价值观，比被动灌输更有效。实践社会主义核心价值观的过程，本身就是一个提高自身修养、道德品质的过程，与自我教育的局部过程重叠，两者相互依存、相互统一。

以中华优秀传统文化为核心磨砺意志品质。尽管大学生生理和心理发展趋向于成熟，但仍在发展自身过程中暴露出一些弊端，比如遇事思考不足、容易冲动，缺少耐心和毅力，对于挫折的忍受能力不强等。中华优秀传统文化经历过历史长河的积淀，包括了许多磨炼人的意志品质的内容，能够完善自我教育的内容，有利于提升大学生的意志力与道德品质。

以积极参加社会实践活动为契机塑造完美人格。实践是检验真理的唯一标准，自我教育的成果最终应由实践来检验。大学生可以参加一些"三下乡"与支教活动，将理论的学习运用于实践之中，在实践活动中还可以提升团队合作能力与个人适应能力，促进大学生的全面发展。

(五)优化大学生思想政治教育中自我教育的环境

营造积极向上的家庭环境。家庭环境是自我教育不可缺少的一部分。随着社会经济的飞速发展和高等教育的大众化，人永远不可能脱离家庭环境。因此，需要为大学生创造一个积极向上的家庭环境，充满着正能量的家庭环境，为大学生的成长提供持续的内生动力。家庭是社会的细胞，也是培养大学生正确世界观、人生观和价值观的摇篮。家庭教育是学校教育的基础，对学生的健康成长有着至关重要的影响作用。作为学习道路上的引路人，父母应该为大学生创造一个信赖和积极的家庭环境，在大学生遇到挫折时能够提供温馨的避风港，可以使大学生拥有一个强大的内心世界，能够自己去克服困难，摆脱困境。

构建平等自由的学校环境。高校传统的思政课是以他我教育为主的，已经呈现出一些弊端。高校应当创新办学理念，营造兼收并蓄、平等交流的校园氛围，鼓励学生积极上进、自由讨论。除此之外，高校应当改革校园文化与规章制度，从软件环境和硬件设施两方面去制定相关规章制度去促进自我教育的发展。

建造和谐稳定的社会环境。社会环境相较于学校环境来说更为复杂多变,政治、经济、文化、社会舆论等因素相互叠加,对自我教育的影响也很大。所以我们要建立法治社会,将社会生态圈在法律的框子里,为大学生的自由发展提供一个相对安全的社会环境。我们还要在大力弘扬社会主义核心价值观的同时,从国家、社会、公民三个层面去发展自我教育。同时利用互联网技术,引导积极向上的社会舆论。

形成安全文明的网络环境。网络环境具有虚拟性、开放性等特点,给大学生的自我教育带来了机遇与挑战。我们应该营造风清气正、积极向上、安全文明的网络环境,使大学生能够从网络世界中吸取积极健康的内容,保证网络环境符合社会主义核心价值观,与社会和谐发展相同步。

推荐阅读书目:

1.吴照峰:《自我教育机制研究》,西北大学出版社,2014 年。

2.周韫玉:《自我教育论》,华文出版社,2010 年。

3.程文晋、渠长根、武彩鸿:《自我教育论》,气象出版社,1998 年。

4.杨桂兰:《大学生自我教育读本》,黑龙江人民出版社,2005 年。

5.李慧惠:《大学生的心理健康与自我教育》,东北师范大学出版社,2016 年。

第三讲　大学生思想政治教育中的
爱国主义教育

　　爱国主义历来是中国人民团结奋斗的一面旗帜。在当代中国,爱国主义同社会主义有机地统一于建设中国特色社会主义的伟大实践,是鼓舞全国人民实现民族振兴的强大动力。作为中国特色社会主义事业的建设者和接班人,大学生必须要有强烈的爱国主义思想。在高校要深入持久地开展大学生爱国主义教育,使大学生认清只有社会主义才能救中国、只有社会主义才能发展中国的真理,发扬自尊、自信、自强的民族精神,以贡献全部力量建设和保卫社会主义祖国为最大光荣,以损害国家利益、国家尊严为最大耻辱。

一、大学生思想政治教育中爱国主义教育的内涵及意义、基本原则与主要内容

　　大学生作为新时代的青年,是祖国的未来、民族的希望,是整个社会中最积极、最鲜活的力量。大学生爱国主义教育的目的是激发大学生的爱国情感,使大学生形成坚定的理想信念,并将信念转化为切实行动,推动新时代

的发展。了解和掌握大学生爱国主义教育的内涵及其重要意义,有助于深入持久地开展大学生爱国主义教育。

(一)爱国主义教育的内涵

爱国主义教育是提高全民族整体素质和加强社会主义精神文明建设的基础性工程,是引导人们树立正确理想、信念、人生观、价值观的共同基础,是全社会一项十分重要的工作。大学生思想政治教育中的爱国主义亦是如此,简而言之,就是将"爱国主义"的内容传授给大学生,使"爱国主义"之于大学生内化于心而外化于行。

那么,什么是爱国主义? 爱国主义是对祖国的忠诚和热爱,是中华民族精神的核心,是中国人民的行为准则。新时代爱国主义的本质体现为爱国和爱党、爱社会主义的有机统一,新时代爱国主义的鲜明主题是实现中华民族伟大复兴的中国梦,新时代爱国主义的突出特征是爱国情怀与改革精神、世界眼光相结合。

1.爱国主义是对祖国的热爱,是民族精神的核心,是行为价值准则

爱国主义是一种历史情感,是对祖国深厚的热爱。习近平总书记指出:"爱国,是人世间最深层、最持久的情感。"[1]爱国主义是在历史发展过程中形成的忠诚和热爱自己祖国的思想和感情,是中华民族对祖国最为深厚的历史情感。作为情感系统的爱国主义,表现为热爱祖国的江河大地、锦绣山川,表现为热爱民族的历史文化、骨肉同胞,表现为维护国家的领土主权、社会制度。

爱国主义是一种民族精神,是团结一心、自强不息。习近平总书记指出:"爱国主义是中华民族民族精神的核心。"[2]我国的民族精神以爱国主义为核

---

[1] 习近平:《在北京大学师生座谈会上的讲话》,《人民日报》,2018 年 5 月 3 日。
[2] 习近平:《在纪念中国人民抗日战争暨世界反法西斯战争胜利 69 周年座谈会上的讲话》,《人民日报》,2014 年 9 月 4 日。

心,爱国主义是中华民族的精神基因,深深植根于中华民族心中。作为民族精神核心的爱国主义,既是中华民族团结一心的精神纽带,也是中华儿女自强不息的精神动力。

爱国主义是一种价值规范和行为准则,是扎根人民、奉献国家。习近平总书记指出:"在社会主义核心价值观中,最深层、最根本、最永恒的是爱国主义。"①中华儿女以爱国主义为价值追求、行为规范,中国人民以爱国主义为立德之源、立功之本。作为行为规范体系的爱国主义,在道德层面上要求个人利益服从国家利益、民族利益;在政治层面上要求维护社会稳定发展,服从国家权威,信奉社会核心价值观;在法律层面上要求关心国家安全,维护祖国统一,反对民族分裂。

2.新时代爱国主义的本质体现为爱国和爱党、爱社会主义的有机统一

习近平总书记指出:"只有坚持爱国和爱党、爱社会主义相统一,爱国主义才是鲜活的、真实的,这是当代中国爱国主义精神最重要的体现。"②爱国主义是一个历史范畴,爱国主义和热爱中国共产党、热爱社会主义制度、热爱中国特色社会主义相统一、相一致,是由没有共产党就没有新中国、只有社会主义才能救中国、只有中国特色社会主义才能发展中国、只有中国共产党才能带领中华民族实现伟大复兴中国梦的历史事实和现实逻辑所决定的。

中国共产党始终是爱国主义精神最坚定的弘扬者,一百多年来一直团结带领全国各族人民进行革命、建设和改革的爱国主义伟大实践。中国共产党团结带领中国人民,完成新民主主义革命和社会主义革命,实现了中华民族从受侵略到站起来的伟大飞跃;进行建设中国特色社会主义新的伟大实

---

① 习近平:《在文艺工作座谈会上的讲话》,《人民日报》,2015 年 10 月 15 日。

② 《习近平在中共中央政治局第二十九次集体学习时强调:大力弘扬伟大爱国主义精神　为实现中国梦提供精神支柱》,《人民日报》,2015 年 12 月 31 日。

践,实现了中华民族从站起来到富起来的伟大飞跃;进行伟大斗争、建设伟大工程、推进伟大事业、实现伟大梦想,使中华民族迎来了从富起来到强起来的伟大飞跃。

中华民族"站起来""富起来""强起来"的奋斗目标和伟大复兴的共同理想,把爱国主义和拥护中国共产党的领导、坚持和发展中国特色社会主义内在地统一起来。正如习近平总书记所指出的那样:"我国爱国主义始终围绕着实现民族富强、人民幸福而发展,最终汇流于中国特色社会主义。祖国的命运和党的命运、社会主义的命运是密不可分的。"①

3.新时代爱国主义的鲜明主题是实现中华民族伟大复兴的中国梦

习近平总书记指出:"实现中华民族伟大复兴的中国梦,是当代中国爱国主义的鲜明主题。"②这一重要论述,将中国梦与新时代爱国主义联系起来,明确了新时代爱国主义的鲜明主题,有助于准确把握、深刻理解新时代爱国主义的丰富内涵,具有重要的理论指导意义和实践引领作用。

中国梦是习近平总书记在爱国主义语境下提出来的,"实现中华民族伟大复兴的中国梦,就是要实现国家富强、民族振兴、人民幸福"③。中国梦一经提出,迅速引发亿万中国人民的强烈共鸣,得到中华儿女的广泛认同。近代以来,实现中华民族伟大复兴的中国梦成为每一个中国人民最强烈的愿望。中华民族具有五千年的悠久历史,创造了灿烂的中华文明。但近代以来,由于西方列强的入侵和封建统治的腐败,中华民族遭受了前所未有的苦难,甚至沦落到亡国灭种的危险境地。为了救亡图存、振兴中华,一代又一代的中

---

① 《习近平在中共中央政治局第二十九次集体学习时强调:大力弘扬伟大爱国主义精神 为实现中国梦提供精神支柱》,《人民日报》,2015 年 12 月 31 日。

② 《习近平在中共中央政治局第二十九次集体学习时强调:大力弘扬伟大爱国主义精神 为实现中国梦提供精神支柱》,《人民日报》,2015 年 12 月 31 日。

③ 《在第十二届全国人民代表大会第一次会议上的讲话》,《人民日报》,2013 年 3 月 18 日。

国人抛头颅、洒热血、自强不息、奋发图强。经过长期追求和接续奋斗,中华民族实现了从站起来到富起来的伟大飞跃,迎来了从富起来到强起来的光明前景。

习近平总书记指出:"今天,我们比历史上任何时期都更接近、更有信心和能力实现中华民族伟大复兴的目标。"[①]也正因为如此,中华民族伟大复兴的中国梦将在新时代成为现实,实现中国梦成为新时代中华民族、中国人民最庄严的使命,实现中国梦成为新时代爱国主义最鲜明的主题。

4.新时代爱国主义的突出特征是爱国情怀和改革精神、世界眼光相结合

改革开放是新的时代背景下新的伟大革命,是新时代中国最鲜明的特色。改革开放,即对内改革、对外开放,体现出改革的精神和开放的胸怀。新时代改革开放这一鲜明特色,赋予新时代爱国主义以鲜明的时代特征。

一方面,改革开放的时代特色,要求新时代爱国主义与改革创新精神相结合。习近平总书记敏锐地把握到了这一点,明确指出:"实现中国梦必须要弘扬中国精神。"[②]弘扬中国精神,即弘扬以爱国主义为核心的民族精神和以改革创新为核心的时代精神。改革创新是改革开放新时期最鲜明的时代精神,是新时代爱国主义的应有之义。新时代,没有改革创新的爱国主义不是真的爱国主义。没有改革、没有创新,国家发展就会走进死胡同,爱国将成为空谈。只有坚持改革创新,国家发展才会表现出强进动力,爱国主义才会绽放时代光芒。

另一方面,改革开放的时代特色,要求新时代爱国主义必须具有世界眼光。习近平总书记胸怀博大、放眼世界,强调:"弘扬爱国主义精神,必须坚持

---

①　习近平:《决胜全面建成小康社会 夺取新时代中国特色社会主义伟大胜利》,《人民日报》,2017年10月28日。

②　习近平:《在第十二届全国人民代表大会第一次会议上的讲话》,《人民日报》,2013年3月18日。

立足民族又面向世界。"①经济全球化的深入发展,已将中国的命运与世界的命运紧密地联系在一起。当今世界是开放的世界,当今中国也必须是开放的中国。新时代爱国主义必须要与扩大对外开放相结合,尊重各国各民族的历史文化和发展道路。既善于从不同文明中寻求智慧,从而增强中华文明的生机活力;也积极倡导不同国家之间交流互鉴、共同进步,从而推动人类文明的繁荣发展。

(二)爱国主义教育的意义

1.培养大学生做有志气、有骨气、有底气的新青年

未来属于青年,希望寄予青年。大学生的思想意识发展是一个复杂的过程,因此要牢牢把握大学生爱国主义教育的主动权和领导权,用爱国主义精神和高尚的道德修养对大学生进行正确的引导,使其分辨社会中存在的各种思想和观念。

青年一代心中有理想,脚下才有力量,大学生作为当代青年的主体,理想和志向关乎国家未来。一百年来,在中国共产党的领导下,一代代有志青年将青春奉献给国家,成为实现中华民族伟大复兴的先锋力量。新时代的大学生作为青年中的佼佼者,更应当敢于做梦、勇于追梦、勤于圆梦,通过爱国主义教育,树立中国梦的远大志向,将个人利益、集体利益和国家利益紧密结合起来,用习近平新时代中国特色社会主义思想武装头脑,培养分清是非、鉴别各种社会思潮的能力,到祖国需要的地方去,从一点一滴做起,从小事做起,在新时代中国特色社会主义的建设中,做有志气的新青年。

在中国革命、建设、改革的历程中,一代代中华儿女以顽强拼搏、自强不息的骨气,在争取民族独立、国家富强的伟大实践中书写着中国青年的骨

---

① 《习近平在中共中央政治局第二十九次集体学习时强调:大力弘扬伟大爱国主义精神　为实现中国梦提供精神支柱》,《人民日报》,2015 年 12 月 31 日。

气。前进的道路不会一帆风顺,我们将来会面临各种风险挑战,爱国主义教育能够培养大学生的责任感,使大学生敢于迎接挑战,敢于和困难做斗争,敢于逢山开路、遇水架桥,发挥出青年人所具有的活力和朝气,扛起时代责任,做有骨气的新青年。

青年兴则国家兴,青年强则国家强。我们当前正处于最好的发展时期,也面临前所未有的挑战,大学生爱国主义教育通过各种形式的实践活动展示中国共产党的百年奋斗历程和伟大成就,增强中国青年的信心,即使我们曾经深陷苦难,但我们取得的一系列伟大成就都表明,中国共产党和中国人民经受住了挑战,如今中国可以向世界传递自己的声音。我们无须仰视,也不接受被俯视,我们已经完全可以平视世界了,这就是中国的底气所在,大学生爱国主义教育,就是培养大学生做有底气的新时代青年。

2.落实高校立德树人的根本任务

立德树人是高校的根本任务,高校是培育人才的摇篮,具有开展爱国主义教育得天独厚的优势。当前,信息网络迅猛发展,国际竞争日益激烈,多元价值取向对大学生的身心健康发展产生多元化影响,西方腐朽文化的渗透造成了部分大学生政治信仰迷茫、理想信念模糊、社会责任感缺失、价值取向摇摆不定等现象,使得学生的思维方式和行为选择千差万别,对高校的教育工作的发展造成了严峻的挑战,基于此,注重以及发展大学生爱国主义教育势在必行。通过开展一系列爱国主义活动,帮助大学生扣好人生的第一粒扣子,高校要传播知识、传播思想、传播真理,抓牢思想政治教育工作,把爱国主义教育贯穿学校教育管理全过程,肩负起培养社会主义建设者和接班人的重大使命,引导学生认识和了解我国国情,培养对人民群众的感情、对社会的责任、对党和国家的忠诚。

3.助力中华民族伟大复兴中国梦的实现

中国梦为爱国主义教育提供不竭动力和方向保证,爱国主义教育推动大学生履行中国梦的历史使命。每个时代都有每个时代的爱国主义精神,每个时代都有每个时代的价值观念,习近平总书记指出:"实现中华民族伟大复兴的中国梦,是当代中国爱国主义的鲜明主题,要大力弘扬伟大爱国主义精神。"①大学生是公民中最朝气蓬勃、好学上进、敢于挑战、不怕失败、富于创新探索的组成部分,肩负着实现国家富强、民族振兴的重要使命,因此大学生爱国主义教育尤为重要。大学生爱国主义教育是思想政治教育的基础环节,一经提出就成为社会各界关注的热点话题,大学生是国家未来建设队伍中宝贵的人力资源,爱国主义教育是否真的卓有成效关系到高校的持续发展,关系到社会的稳定、国家的昌盛和民族进步繁荣。必须要加强爱国主义教育,引导其在今后的社会实践和人生道路上树立理性爱国精神,积极投身到实现中国梦的伟大实践中去。

4.应对西方腐朽文化的冲击

经济全球化带来了文化的全球化,西方的文化侵略和文化渗透对我国的影响不断加深。西方腐朽文化的入侵主要体现在两个方面:一是利用娱乐产业进行文化渗透,西方国家通过好莱坞电影、格莱美音乐等对其他国家和民族施加价值观念和生活习惯影响。二是通过语言学习进行文化渗透,通过学习外语,西方文化也逐渐渗透到中国人日常生活中。随着文化渗透的进一步深入,以及部分大学生缺少一定的鉴别能力,导致部分大学生政治信仰缺失,理想信念动摇,对中国特色社会主义道路产生了怀疑和动摇。在经济全球化浪潮的冲击下,各种"拜金主义""享乐主义"抬头,部分大学生在日常学习、生活过程中更加注重物质利益。大学生是新时代接受新鲜事物最快且包容度高的群体,各国文化的交流虽然有利于大学生拓宽视野,但也容易出现问题,西方腐朽文化的冲击使一些大学生更加注重物质利益,将原来的价值

---

① 《习近平在中共中央政治局第二十九次集体学习时强调:大力弘扬伟大爱国主义精神为实现中国梦提供精神支柱》,《人民日报》,2015 年 12 月 31 日。

取向转向鲜明的个人利益,这种错误的价值观念严重危害了大学生的成长,大学生爱国主义教育应通过引导大学生理性科学地学习东西方文化,培养社会主义建设者和接班人。

(三)爱国主义教育的基本原则

爱国主义教育必须以建设中国特色社会主义理论和党的基本路线为指导,必须有利于促进社会主义现代化建设,必须有利于促进改革开放,必须有利于维护国家和民族的声誉、尊严、团结和利益,必须有利于促进祖国统一的事业。这是新时期大学生爱国主义教育的基本指导思想。

开展爱国主义教育的目的,是要振奋民族精神,增强民族凝聚力,树立民族自尊心和自豪感,巩固和发展最广泛的爱国统一战线,把人民群众的爱国热情引导和凝聚到建设有中国特色的社会主义伟大事业上来,引导和凝聚到为祖国的统一、繁荣和富强做贡献上来,做有理想、有道德、有文化、有纪律的社会主义公民,为实现社会主义现代化、中华民族伟大复兴的共同理想团结奋斗。

爱国主义教育必须坚持重在建设的方针。要按照中国共产党关于爱国主义的一系列重要论述,搞好爱国主义教育的理论建设、教材建设、制度建设和基地建设。把爱国主义教育贯穿于大学生思想政治教育之中,作为社会主义精神文明建设的基础性工程,作为我国社会的主旋律,坚定不移、长期不懈地抓下去。

爱国主义教育必须坚持对外开放的原则。爱国主义绝不是狭隘的民族主义,我们既要继承和发扬中华民族的优秀成果,也要学习和吸收世界各国包括资本主义发达国家所创造的优秀文明成果。只有这样,中国人民才能和各国人民一道,为促进世界和平和人类进步做出贡献。

爱国主义教育必须突出时代特征。爱国主义是一个历史范畴,在社会发展的不同阶段、不同时期有不同的内涵。在当代中国,爱国主义与爱社会主义本质上是一致的,建设有中国特色的社会主义是新时期爱国主义的主题。正如邓小平同志指出:"中国人民有自己的民族自尊心和自豪感,以热爱祖国、贡献全部力量建设社会主义祖国为最大光荣,以损害社会主义祖国利益、尊严和荣誉为最大耻辱。"爱国主义、集体主义和社会主义思想教育三位一体,有机地统一在建设有中国特色的社会主义的伟大实践之中。

(四)爱国主义教育的主要内容

爱国主义教育的素材非常广泛。从历史到现实,从物质文明到精神文明,从自然风光到物产资源,社会生活的各个领域都蕴藏着极为丰富的进行爱国主义教育的瑰宝。要善于运用国情资料,并注意挖掘和利用各种宝贵的教育资源,不断丰富爱国主义教育的内容。

要进行中华民族悠久历史的教育。我国人民的爱国主义精神是在中华民族漫长的历史进程中产生和发展起来的。要通过中国历史特别是近代史、现代史的教育,使大学生了解中华民族自强不息、百折不挠的发展历程,了解我国各族人民对人类文明的卓越贡献,了解我国历史上的重大事件和著名人物,了解中国人民反对外来侵略和压迫,反抗腐朽统治,争取民族独立和解放,前赴后继,浴血奋斗的精神和业绩,特别是了解中国共产党领导全国人民为建立新中国而英勇奋斗的崇高精神和光辉业绩。

要进行中华民族优秀传统文化教育。中华民族在创造灿烂中华文明的过程中,形成了具有强大生命力的传统文化,其内容博大精深,不仅包括了哲学、社会科学、文学艺术、科学技术等方面的成就,而且蕴含着崇高的民族精神、民族气节和优良道德;不仅孕育了无数杰出的政治家、思想家、文艺家、科学家、教育家、军事家,而且留下了丰富的文物史迹、经典著作,这笔丰厚的文化遗产是进行爱国主义教育的宝贵资源。

要进行党的基本路线和社会主义现代化建设成就的教育。党的基本路线和我国社会主义建设成就是进行爱国主义教育最现实、最生动的教材。要特别注意运用党的十一届三中全会以来改革开放和现代化建设的巨大成就与成功经验进行教育，使人民群众进一步坚定社会主义理想信念，坚持党的基本路线不动摇。

二、大学生思想政治教育中爱国主义教育的潜在问题及原因分析

本部分的问题及数据，源于某省高校调研。为了能够较为全面地掌握大学生爱国主义教育的状况，发现其中存在的问题并对产生问题的原因进行分析，找出切实可行的改进大学生爱国主义教育的方法途径，调研中采取了问卷法和访谈法，其中访谈法的访谈对象是高校教师，问卷法的调查对象是在校大学生。问卷发放共计 1565 份，回收 1435 份，其中有效问卷共计 1243 份。

（一）大学生思想政治教育中爱国主义教育的潜在问题

部分教育者课堂教学结合生活实际不足。教育者在课堂教学过程中过于注重讲解教材，缺乏鲜活的案例分析，部分高校教育者有时候会过分重视教材照搬照抄，不加思考，习惯以自己为中心，考虑到了如何把教学内容传授给学生，但没有结合贴近学生实际生活的案例，案例引用老生常谈，没有突出时代特色，没有考虑学生的接受程度，忽视了学生的感受，无法实现爱国主义教育的目的。课件更新不及时，无法引起学生的学习兴趣。PPT 课件是教师常见的教学工具，辅导教师教学，帮助学生更好地抓住重点知识，理解重难点知识。教师使用简洁美观的教学课件能够给学生们带来好的上课体验。但是在高校爱国主义教育的课堂上，部分教师由于工作和生活的多方影

响,在教学过程中使用已经过时的课件,课件中的视频影像和文字材料已经与现实脱节,不具有实效性和时代性,未能与时俱进,导致大学生爱国主义教育的效果微乎其微。

教育形式有简单化趋势,实践活动少。高校教育活动多为课堂教学,教育形式略显简单,实践活动少。在调查问卷"您认为现阶段您所在的高校爱国主义教育发展程度如何?"中,有20.35%的学生认为"不太完善,教学方法令人不太满意"。一些高校的爱国主义教育侧重于传统灌输式的思政课教学,导致在教学过程中学生的学习总是处于被动应对状态,压缩了学生对知识学习的思维过程,容易使学生失去学习兴趣。一些思政教学实践活动还停留在"喊口号""表决心""拍照留痕"等表面形式上,且一些口号比较老套,无法引发学生的爱国共鸣。而且高校大部分的爱国主义教育实践活动多为演讲比赛、团歌比赛、参观爱国主义教育基地、讲座等,形式过时且千篇一律,学生疲于参加,无法吸引学生的兴趣,失去了爱国主义教育实践活动本来的意义。

部分学生对爱国主义的知识和实践活动缺乏热情和积极性。当前大学生对爱国主义教育的认识存在一些偏差,对参加爱国主义教育活动不太重视,认为自己能够正确认识当前我国在国际上的政治形势,在涉及国家底线的原则性问题上绝对不会犯错误,认为自己足够爱国,对参加思政课学习不太重视,有些大学生甚至存在抵触和消沉的心态。在调查问卷"你觉得大学生爱国主义教育的效果如何?"中,68.14%的学生认为效果很好,大多数学生有所收获;27.43%的学生认为效果一般,只有部分学生有所收获;还有4.42%的学生认为效果不好,大部分同学并未认真参与。在这项问题的回答中可以看出,绝大多数学生都认为能够从爱国主义课堂教学获得收获,愿意怀着积极进取的心态参与到爱国主义课堂教学中,但也有部分同学存在消极和随意的心态,不愿意参加爱国主义教学课堂。高校学生参加爱国主义教育实践活动,能够培养爱国主义感情,提高爱国主义觉悟,推动学生全面健康的成长。在调查问卷"你是否愿意参加义务制爱国主义教育活动?"中,有85.84%的学生持有十分愿意的态度,12.39%持有一般的态度,1.77%持有不愿意的态度。可见大部分学生愿意以积极的态度参加爱国主义教育实践活动,仍有一小部分的学生参加爱国主义教育比较被动,缺乏参加实践活动的主动性和积极性。

(二)大学生思想政治教育中爱国主义教育潜在问题的原因分析

教育者受教学科研压力的影响大。作为传道授业解惑的教师,思政课教师在大学生爱国主义教育中起着至关重要的作用。但是当前大部分高校教师教学任务繁重,除了教育教学任务外,还担负着科研、行政等工作,这就导致了他们没有足够的时间和精力进行充分的备课。学校要求教师把教书育人放在第一位,但在绩效考核和评职称时又以科研成果为主,同时教师又有自己的私人生活需要处理,由于精力有限,面对多重压力,往往顾此失彼,处理不好彼此的关系,因此部分高校教师因为科研任务重而没有时间和精力更新爱国主义教育课程的授课内容和影像音频。同时,极少数的教育者会认为爱国主义教育不在教师考核范围之内,因此对爱国主义教育不够重视,在授课过程中对爱国主义知识的讲授和拓展不够深刻,学生的理解停留在浅层含义,导致爱国主义教育无法达到理想的效果。

爱国主义活动缺乏创新性,缺乏物质支持。高校对爱国主义实践活动重视程度不够,在进行爱国主义教育的过程中侧重于思想政治课堂教学,而且设计一整套新的爱国主义教育实践活动需要耗费大量的时间、精力和财力,因此教育活动多以程序化的形式开展,如宣讲活动、参观基地等,加上"由于爱国主义教育的开展多为自上而下式的下达任务,各高校不能主动创新方式探索爱国主义教育新模式,常常被动的组织爱国主义教育活动"①,导致高校举办的爱国主义教育实践活动千篇一律,缺乏新鲜感。部分高校认为教育实践活动是课堂教学的辅助和补充形式,因此在具体工作部署的过程中,没有给予爱国主义教育实践活动应有的重视和物质支持,实践活动资金的短缺和限制,无法更好地满足教育实践活动创新的需要。

部分大学生对爱国主义教育重视程度不够。正所谓"立志而圣则圣矣,立志而贤则贤矣"。大学生的坚定信念和远大理想关乎着国家的未来。少数的大学生对爱国主义教育的认知、态度和践行问题存在偏差。由于生活在社会主义新时代,一些大学生盲目地认为自己已拥有满腔爱国之志,因此对爱国主义课堂教学不重视,上课不认真听讲,空谈爱国口号,也不关注时事政治和社会政策,对一些历史性问题没有掌握清楚。不论是在九一八事件90周年当天,四川某高校一学生身穿和服大摇大摆逛校园,还是湖南某高校大一学生接连在网络和学校发表各种辱国言论,这些行为都体现了一些大学生对爱国主义教育的轻视。复杂多变的社会环境迷惑和冲击着大学生的爱国主义观念。当今世界经济全球化不断加深,国际合作日益密切,西方的文化和价值观念纷纷涌入中国,作为最容易接受新鲜事物的大学生,在好莱坞大片、说唱音乐等影响下,部分大学生产生了对西方文化的崇拜之情,加上西方功利主义和利己主义的冲击,导致部分大学生忽视集体利益过分追求个人利益,对社会缺乏责任感。信息化时代的到来改变了人们的生活方式,当代大学生的学习和社交都离不开互联网,互联网在给学生带来极大便利的同时,良莠不齐的网络信息也冲击着大学生的价值观念,使部分学生在三观形成的关键阶段迷失自我,给大学生爱国主义教育带来负面影响。

---

① 孙保营:《国家事权视域下大学生高校教材建设现实困境与纾解路径》,《中国出版》,2021年第4期。

三、加强大学生思想政治教育中爱国主义教育的对策

大学生爱国主义教育是思想政治教育的基础性环节，通过分析大学生爱国主义教育的潜在问题及其生成原因，可以从党的领导、法律法规、高校、家庭四个方面进一步加强大学生爱国主义教育。

（一）加强党对大学生爱国主义教育的领导

各级党委和人民政府要切实加强对大学生爱国主义教育的领导，把这一工作列入重要议事日程，动员社会各方面力量，齐心协力抓好落实。要重视发挥高校在大学生爱国主义教育中的重要作用。各地要依据《爱国主义教育纲要》制定出符合当地实际的大学生爱国主义教育规划，并认真贯彻到实际工作中去。要加强检查指导，把高校组织开展教育活动情况，作为考核的重要指标。高校各级党政机关要带头加强对全体人员的爱国主义教育。领导干部、教师必须以身作则，做出表率。

各级党委宣传部门要在党委和政府统一领导下，切实担负起协调、指导的责任。要帮助高校有关部门建立工作联系，明确任务，抓好落实。要协同各方面的力量，形成大学生爱国主义教育的合力。要注意调查研究，实实在在地开展各种生动活泼的大学生爱国主义教育活动，多做实事，注重实效，力戒形式主义。要不断总结和推广开展大学生爱国主义教育的典型经验，对工作出色的高校和个人应予以表彰、奖励。

（二）完善和宣传爱国主义教育的法律法规

完善爱国主义相关法律法规。中国特色社会主义进入新时代，完善爱国主义教育相关法律法规势在必行。当前我国已经初步形成了相关的爱国主

义教育制度和政策，但是爱国主义教育相关法律法规有待进一步完善和优化。健全爱国主义教育法律法规，需要全国人民代表大会提高立法质量，通过审议和讨论不断修改爱国主义教育相关提案，最终形成以宪法为核心的爱国主义教育法律法规。党和政府在总结行之有效的经验基础上，借鉴其他国家爱国主义教育优秀经验，完善爱国主义教育法律法规。

利用新闻舆论广泛宣传大学生爱国主义教育法律法规。习近平总书记指出，宣传思想工作以围绕中心、服务大局为基础。大众媒体是进行爱国主义教育的重要阵地，要利用大众媒介，加强宣传引导，营造良好的爱国主义教育舆论氛围。政府要充分利用好大众媒体传播速度快、影响力大、传播范围广的优势，在报纸、期刊、广播、网站等渠道利用新闻报道、专题纪录片、新闻专栏等形式宣传工作。全方位地使大学生潜移默化的受到熏陶，在潜意识里树立正确的法律意识和价值观念。

(三)进一步加强高校爱国主义教育的建设

将大学生爱国主义教育与各门课程有机结合起来。各门课程都应融入爱国主义教育，将爱国主义教育同教学内容有机地结合起来。政治理论课、思想教育课应该以爱国主义教育与共产主义教育为中心内容。形势与政策课要经常向学生介绍祖国最新建设成就，提高大学生对改革开放以来和新时代以来党的路线、方针、政策的认识，增强大学生对我国社会主义现代化建设的信心与热情。大学生思政课、历史课特别是中国近现代史课程以及地理、语文等课程，都有非常丰富的进行爱国主义教育的素材。音乐、美术等课程要注意培养大学生的爱国主义情操。自然科学和工程技术科学等方面的课程，也要宣传我国勤劳、智慧的人民和科学家在科学技术上的贡献，正确分析我国和西方资本主义国家在科学技术上的差距及其原因，激励大学生为建设社会主义祖国而勤奋学习。

将爱国主义教育建设成效纳入绩效考核。推动大学生爱国主义教育取得实际成效,高校思政课教师发挥着至关重要的作用,通过教师与学生的交流沟通与实践,让学生对爱国主义的知识拥有深刻的了解。为了充分发挥教师的主导作用,推动教师将时间和精力更多聚焦在教学工作中,让爱国主义教学更具有实效性,就必须减少教师的非教学任务如各种检查、评比、督查、考核等,减少教师的工作压力,让教师能够真正回归"教书育人"本职本位,高质量地落实教书育人的工作。

创新爱国主义教育实践活动,加大物质条件支持。通过丰富多彩的实践活动进行爱国主义教育,例如举行以爱国主义为主题的班会、队会、团日活动、讲座、报告会、征文、演讲比赛、读书活动、歌咏活动,组织学生进行社会调查,参观革命遗址、烈士陵园、名胜古迹等,都是行之有效的方式。大学生通过参加爱国主义教育实践活动,内心获得强烈的感触,增强自身的爱国主义情怀,不断激励和鞭策自己,继承和弘扬爱国主义精神。一些教育实践活动由于缺乏资金或物质支持,难以举办而最终流于形式,因此高校应该加大物质支持。同时,应引导教育者和学生会等校级组织秉持着开放、积极的态度,创新爱国主义教育实践活动,例如在教师的带领下拜访老兵、观看爱国主义纪录片,或者在有条件的情况下自制爱国主义微电影,在抗战胜利纪念日时参观爱国主义纪念馆或者红色基地、举办辩论比赛或者模拟联合国大会让学生针对重大热点问题如中美贸易战、俄乌战争等展开讨论,使学生身体力行地参与到实践中去,从而增进大学生的爱国情怀,将爱国之志转化为报国之行。同时高校可以加大在校园文化建设上的投资,在教学楼的走廊中张贴爱国主义教育相关的海报,在学校的宣传栏上绘制爱国英雄人物,利用校园广播播放红色歌曲和英雄故事等,为爱国主义教育营造良好的环境。

充分利用网络资源进行爱国主义教育。随着互联网的普及和社会信息化程度的提高,大众传媒在舆论引导方面的影响力和公信力越来越大,高校可以通过充分发挥网络媒介的作用,利用微博、微信、抖音等网络平台,采取大学生喜闻乐见的形式,引导大学生理性、文明爱国,更好地发挥爱国主义教育的作用。结合"00后"大学生的兴趣爱好,在学校公众号和校园网站推荐《战狼》《狙击手》《长津湖》等爱国电影和《那年那兔那些事儿》等爱国动漫,吸引学生的兴趣,激发学生爱国之情。鼓励学生使用"学习强国""央视新闻"等软件,及时了解国内外时政热点,使学生了解不断变化发展的世界,从而开阔视野、增长见识。

进一步加强对大学生爱国主义教育的引导。大学生是未来国家和民族建设的主体力量,肩负着实现国家富强和民族振兴的重要使命,亟须加强爱国主义教育。高校通过丰富思政课的教育内容和创新爱国主义教育实践活动形式,增强学生学习的动力和热情。爱国主义教育会随着时代的变化而变化,根据时代背景,结合生活实际,制定充满特色又符合学生实际情况的教学方案,使学生切身感受到祖国的伟大,增加课堂的趣味性,将灌输式教学转变为启发式教学,在巩固爱国主义理论知识的同时,提高学生分辨是非的能力,提升学生的爱国情感。

(四)提高家庭对大学生爱国主义教育的重视程度

发挥家长言传身教的独特优势。家庭教育在培养和塑造大学生爱国主义教育价值观中发挥着根本作用。家长在家庭生活中的言行举止、为人处世、思想品德、生活作风对大学生起着潜移默化和深远持久的重要影响。父母应以身作则、身体力行做好榜样,在小的时候就教导学生爱中国共产党、爱祖国、爱社会主义,要以国家利益和集体利益为重,并且在实际生活中要自己先做到热爱祖国、爱岗敬业、诚信友善,经常与孩子交流,关心孩子身心健康,让学生在家庭教育的滋养和熏陶中培养和提高爱国主义情怀。

家庭与学校共同配合,形成爱国主义教育合力。大学生爱国主义教育要使家庭教育和学校教育形成合力,相辅相成,相互促进,将爱国主义教育与家庭教育相融合。家长要支持和鼓励大学生参加有关爱国主义教育的实践活动,把握活动价值,与学校教育形成合力,为爱国主义教育目标服务,注重家庭成员的价值取向和爱国情怀的培养。家长可以通过带孩子参观红色基地、观看爱国主义纪念片等方式,使孩子了解我国发展的艰辛历程,增强对国家的热爱。家长可以鼓励孩子阅读红色爱国主义读物并且以身作则、率先垂范与学生一起阅读红色经典,引导学生在书籍中重走红色道路,感受革命精神,可以经常同孩子一起讨论时事,从大局出发对学生进行正确的引导。家长应该鼓励和支持孩子在有条件的情况下做志愿者,培养和激发大学生的责任感和担当意识,通过实践进行教育,引导孩子真正将爱国之志转变为报国之行。

推荐阅读书目:

1.张智:《新时代爱国主义教育十五讲》,人民出版社,2021 年。

2.吴霓:《新时代爱国主义教育》,人民日报出版社,2020 年。

3.皮玥:《新时代大学生爱国主义教育教程》,东北大学出版社,2021 年。

4.陈明吾:《全球化背景下我国大学生爱国主义教育研究》,长江出版社,2014 年。

5.刘利伟:《博物馆与大学生爱国主义教育》,吉林人民出版社,2020 年。

第四讲　大学生思想政治教育中的马克思主义信仰教育

　　大学生的信仰状况不仅直接影响到其个人发展，更影响着中国特色社会主义事业的发展进程。加强大学生马克思主义信仰教育是培养合格时代新人的必然要求，是高校思想政治教育的重要内容。全球化背景下，西方意识形态的渗透、市场化导向下资本运行逻辑的侵蚀、现代化进程中各类社会矛盾的叠现，以及高校意识形态教育教学工作的缺陷使得大学生马克思主义信仰教育面临严峻形势，高校必须依据时代特点多维发力，构建与时俱进的大学生马克思主义信仰教育新格局。

一、大学生思想政治教育中马克思主义信仰教育的内涵与意义

　　马克思主义是科学，更是一种信仰，马克思主义信仰是人类信仰领域的伟大革新。加强大学生马克思主义信仰教育，坚定大学生的马克思主义理想信念，对国家的长治久安与社会主义事业的兴旺发达有重大而深远的战略影响。

（一）什么是信仰

信仰是指某人自发对某种思想或宗教的追求及对某人某物的信奉敬仰，是一种人类特有的精神现象。最初的信仰一般指宗教信仰，这一概念来源于西方。当今西方国家仍然在很大程度上将信仰和宗教关联在一起。随着社会的不断发展和对信仰认识程度的加深，信仰的内涵逐渐扩大，不仅限于宗教信仰，而是与社会和国家结合，产生了道德信仰、政治信仰等。不同的专家学者对信仰这一概念有不同的认识和解读，在总结前人成果的基础上对信仰的内涵做出如下阐释：信仰作为一种精神现象，是人类所特有的，是人们在实践基础上形成的对某种理论的极度肯定和信服，并以此来指导自己的生活和实践，激励自己追求更高的理想的价值准则，是人们的精神支柱。

信仰至少具有三方面的特征。第一，信仰具有实践性。信仰是建立在人的实践活动基础之上的，是实践主体自觉的选择。对现实的抱怨和不满在信仰的生成过程中往往起着推动作用。信仰一旦形成，便对人的实践活动产生重要的影响，成为主体实践的指导，引领着人生目标。"要把理想信念时时处处体现为行动的力量，树立起让人看得见、感受得到的理想信念标杆。"①信仰要存在于人的思想之中，外化于行动之中，使观念的东西转变为现实的东西。信仰和实践相互影响，实践以信仰为指导，信仰以实践为基础。信仰对人生道路有着决定作用，贪图享乐，会踏入享乐主义道路；信仰马克思主义，会激励人们坚持真理，战胜困难，向着共产主义理想前进。第二，信仰具有超越性。超越性是指信仰总是高于信仰主体的现实存在状态。信仰的主体总是与信仰客体即理论学说、宗教或人有着一定的距离，不能轻易到达。从古至今，从宗教信仰、道德信仰到政治信仰，现存社会形态所未能达到的水平往往是

①　习近平：《在重庆调研时的讲话》，《人民日报》，2016年1月6日。

信仰客体。例如,当今的共产主义信仰是高于现今的社会水平的,人们不断地超越现在,追求更高的层次。第三,信仰具有稳定性。信仰一旦形成,就具有较强的稳定性,成为精神力量并持续发挥作用。信仰形成之后,就成为主体的一部分,作为潜在的思想来支配主体的行动。正如马克思主义信仰一旦形成,就会持续地对信仰主体发挥作用,激励人们为共产主义奋斗终生,致力于全人类的解放事业。

信仰具有重要的作用。作为一种精神寄托,信仰可以转化为强大的现实力量。第一,信仰具有方向指引的作用。人是有意识的,有自己的追求目标,信仰指引着人们的奋斗方向。它不仅可以帮助主体树立理想目标,还可以帮助主体实现目标,并能在主体遇到困难时,为主体坚持下去提供勇气。第二,信仰具有激励功能。习近平总书记在改革开放 40 周年大会上的讲话中提道:"信仰、信念、信心,任何时候都至关重要。"[①]在我们前进过程中,信仰为我们提供源源不断的能量。但是生命中难免遇到挫折,在我们止步不前的时候,信仰又能激励我们战胜困难,勇往直前。邓小平同志说过:"过去我们党无论怎样弱小,无论遇到什么困难,一直有强大的战斗力,因为我们有马克思主义和共产主义的信念。"[②]马克思主义信仰是新时代实现中华民族伟大复兴的中国梦的力量之本。

(二)什么是马克思主义信仰

要想搞清楚什么是马克思主义信仰,首先要弄明白什么是马克思主义。马克思主义,英文是 Marxism,是马克思主义理论体系的简称。马克思主义是马克思恩格斯创立的,是在批判地继承和吸收人类关于自然科学、思维科

---

① 习近平:《在庆祝改革开放 40 周年大会上的讲话》,《人民日报》,2018 年 12 月 19 日。
② 《邓小平文选》(第三卷),人民出版社,1993 年,第 144 页。

学、社会科学优秀成果的基础上于 19 世纪 40 年代创立的。它由马克思主义哲学、马克思主义政治经济学和科学社会主义三大部分组成，并由后继者不断发展，是关于无产阶级解放、全人类解放和每个人自由而全面发展的学说。习近平总书记深刻指出："马克思主义的命运早已同中国共产党的命运、中国人民的命运、中华民族的命运紧紧连在一起，它的科学性和真理性在中国得到了充分检验，它的人民性和实践性在中国得到了充分贯彻，它的开放性和时代性在中国得到了充分彰显！"

马克思主义信仰是指无产阶级和进步人士对马克思主义理论的信服、对共产主义远大理想的坚定执着的追求并以此作为自己精神支柱和行动指南。将马克思主义作为一种信仰不是将其教条化，也不是将其宗教化、迷信化。马克思、恩格斯反复强调，他们的学说不是教条，而是行动的指南。马克思主义信仰是以辩证唯物主义科学世界观为理论前提的，它不要求人们盲信盲从而是要求人们理性地独立思考和充分地发挥自己的认知能力。因此马克思主义信仰是科学的，是能够引导我们理性行动的一种理想信念。习近平总书记指出："对马克思主义的信仰，对社会主义和共产主义的信念，是共产党人的政治灵魂，是共产党人经受住任何考验的精神支柱。"[①]由此可见，马克思主义信仰的内涵经历了历史的沉淀和无产阶级政党领导人的发展。

（三）什么是马克思主义信仰教育

马克思主义信仰教育，本质上是以马克思主义信仰为内容与主旨，通过对马克思主义信仰的本质、特征及其思维逻辑的正确把握与认知，全面而深刻地透视其信仰理论支撑中所蕴含的独特价值立场、思想方法论。马克思主义信仰教育可以提升人们对马克思主义理论和方法论的认知程度，引导人

---

① 习近平：《紧紧围绕坚持和发展中国特色社会主义　学习宣传贯彻党的十八大精神——在十八届中共中央政治局第一次集体学习时的讲话》，人民出版社，2012 年，第 11 页。

们自觉坚持和贯彻这一思想价值原则和方法论,去审视、判断信仰体系中各种不同信仰的实质,进而以马克思主义理论为指导,批判与改造其"现实生活",从而超越"人与自然"和"人与人对抗性"关系的生产和社会形态所具有的矛盾和困境,追求"人的解放与自由",实现以幸福生活为根本的价值旨归。所以,马克思主义信仰教育,就是要通过对马克思主义信仰的追求和传播,充分展现马克思主义信仰是以"现实生活"为支点,以"幸福生活"为价值指向的独特信仰,其内蕴着现实性与未来性、批判性与超越性、整体性与个体性相统一的内在逻辑,凸显马克思主义信仰的科学性与真理性、理论性与实践性的高度统一,增强马克思主义信仰的理论张力与现实征服力,让人民真正掌握马克思主义所提供的科学世界观和方法论这一理论"武器",从而使之成为真正的马克思主义信仰者。①

开展马克思主义信仰教育,意味着在教育中要做到真学、真信、真行,实现"学""信"和"行",即"知""情""行"的有机统一。通过马克思主义信仰教育,首先要让受教育者实现对马克思主义的信仰,解决思想、观念上的"无知"以及由此生成的诸多错误、困惑或疑虑,真正成就受教育者从"无知"到"真知"、从"浅知"到"深知"、从片面到全面的转变,从而把握马克思主义信仰的实质与精髓,深刻了解支撑马克思主义信仰的历史与现实生活的支点、理论逻辑的价值原则与方法论的科学性与真理性、批判性与彻底性、现实性与未来性、实然性与应然性的内在高度一致,以及马克思主义信仰内具的广博视野和深厚的人类解放情怀,完成思想、观念和思维方式的自我内在变革。其次,在此基础上,受教育者要主动实现自我价值观的革新与转变,实现马克思主义价值观和方法论的深度内化,使受教育者能自觉而真正地从"情感"上认同、赞同、崇尚马克思主义信仰,实现马克思主义信仰的个体化,这

---

① 徐秦法:《马克思主义信仰教育的本质规定及其内在逻辑》,《马克思主义研究》,2018 年第 4 期。

是马克思主义信仰真正"掌握群众",进而变成"物质力量"最为关键和紧要的环节。最后,在"知"与"信"的基础上,受教育者能立足于马克思主义信仰的价值立场,自觉遵循、运用马克思主义的方法论与思维方式,观察、分析现实生活中的一系列问题,并对现实生活的理论与实践问题做出科学的判断,抓住这些问题的本质,然后能够在自己的生活、工作等一系列实践中遵循、贯彻和践行马克思主义信仰,真正完成从思想、观念的革命到行动的自觉,体现出马克思主义信仰教育对于受教育者从"知之""好之"到"乐之"的深化与提升,达到马克思主义信仰"知"与"行"的统一。所以"学""信"和"行"这三个层面,不仅为我们具体标明了马克思主义信仰教育的着力点和抓手,也为我们进一步反思和检讨马克思主义信仰教育过程中存在或可能生成的问题,以及解决问题提供了可操作的路径,更为我们确立了一条检验马克思主义信仰教育得失成败的尺度与标准。[1]

(四)大学生马克思主义信仰教育的意义

中国特色社会主义进入新时代,加强大学生马克思主义信仰教育具有重大而紧迫的战略意义,主要体现为如下三个方面:[2]

一是实现中华民族伟大复兴中国梦的应有之义。实现中华民族伟大复兴是近代以来中华民族最伟大的梦想。实现中华民族伟大复兴的中国梦是我们党不懈的追求,中国共产党一经成立就义无反顾地肩负起这个重大的历史使命,带领人民进行了救国、兴国、强国伟大事业,完成由站起来、富起来到强起来的伟大飞跃,这些都离不开马克思主义信仰的力量。当代大学生生活在走向富强的新时代,比历史上任何时候都更接近目标,在这个关键时

---

①　徐秦法:《马克思主义信仰教育的本质规定及其内在逻辑》,《马克思主义研究》,2018 年第 4 期。

②　苏丹:《新时代大学生马克思主义信仰教育的战略意义及路径》,《思想理论教育导刊》,2018 年第 10 期。

期更要保持清醒,坚定马克思主义信仰不动摇。中华民族伟大复兴的梦想,与共产主义远大理想和中国特色社会主义共同理想是完全一致的。共产主义远大理想是最高理想和最高目标,是马克思主义信仰者的精神支柱和政治灵魂。中国特色社会主义共同理想是凝聚中国力量的方向和动力。共产主义远大理想和中国特色社会主义共同理想二者相结合,体现了马克思主义信仰的魅力和精髓,也是实现中华民族伟大复兴梦想的应有之义。在新时代和新征程上,实现第二个百年奋斗目标和伟大复兴的中国梦,就更应该加强大学生的马克思主义信仰教育。

二是牢牢掌握高校意识形态工作领导权的现实需要。意识形态工作是一项极其重要的工作,事关党的前途命运、国家的长治久安和民族的凝聚力。牢牢掌握意识形态工作领导权就要巩固马克思主义在意识形态领域的指导地位。高校作为思想政治教育的前沿阵地,加强大学生马克思主义信仰教育是牢牢掌握高校意识形态工作领导权的必然要求。当前中国正处于社会转型的关键期,人们的生活方式和思想观念多元化,各种社会思潮层出不穷,一些错误的社会思潮对当前思想和价值观念不成熟的大学生产生了很大影响。因而加强大学生的马克思主义信仰教育就能够抓住新时代高校意识形态工作的核心。在新时代,高校做好意识形态工作必须坚持马克思主义,牢固树立共产主义远大理想和中国特色社会主义共同理想,培育和践行社会主义核心价值观,不断增强意识形态领域主导权和话语权。

三是引导新时代大学生健康成长发展的必然要求。在党的十九大报告中,习近平总书记提出"要以培养担当民族复兴大任的时代新人为着眼点"①,大学生作为重要的青年群体,更应成为合格,甚至优秀的"时代新人"。科学的理想信念才能指引大学生走正确的人生之路。在新时代加强对大学生的

---

① 习近平:《决胜全面建成小康社会 夺取新时代中国特色社会主义伟大胜利——在中国共产党第十九次全国代表大会上的报告》,人民出版社,2017年,第42页。

马克思主义信仰教育,能够在世情、国情发生变化的情况下,帮助大学生明白马克思主义是科学真理,具有持久生命力,以改造世界为己任,并深刻影响着中国当前和以后的发展。结合近年来大学生在信仰方面表现出来的问题看,个别大学生对马克思主义信仰还有不少疑惑和质疑。对大学生的马克思主义信仰教育,要能够充分引导大学生把握马克思主义的精髓要义,同时直面大学生在理想信念方面出现的问题,争取用透彻的理论加以说服、用震撼的事例令其信服,切实提高高校思想政治教育的有效性,培养出更多真正的马克思主义信仰者。高校要形成以信仰马克思主义为荣的校园风气,引导和影响更多的青年加入这个潮流之中,使信仰马克思主义成为"时代新人"的首要标准,引导大学生健康全面成长发展。

二、大学生思想政治教育中马克思主义信仰教育的潜在问题及原因分析

改革开放以来,大学生马克思主义信仰教育取得了可喜的成绩,总体上是比较乐观的。但大学生信仰教育受社会、家庭、学校和个人多重因素影响,仍然存在一些亟待解决的问题,例如大学生信仰多样化倾向,部分高校大学生马克思主义信仰教育局限于知识性目标,部分高校大学生马克思主义信仰教育内容单一抽象和对马克思主义的践行略显不足等问题仍然存在。分析问题产生的原因,有利于我们进一步改进大学生马克思主义信仰教育。

(一)大学生思想政治教育中马克思主义信仰教育的潜在问题

1.大学生马克思主义信仰教育状况的调查

大学生信仰教育很大程度上决定着国家和民族的未来。为了正确分析当代大学生信仰教育的现状,采用问卷调查法,通过分析数据,明确现存的

主要问题,并结合时代和大学生的特点分析出问题的根源,以便提出有效的措施。本次调查以国家的相关政策、文件为基础,结合查阅的相关文献资料,设计出《当代大学生马克思主义信仰教育现状调查问卷》。调查问卷分为两部分,第一部分是被调查者的基本信息,第二部分是马克思主义信仰教育的相关内容。本次选取了 A 省的 4 所高校进行调查问卷的发放,其中包括一所综合类院校,一所师范类院校,一所理工类院校和一所职业类院校。共发放问卷 600 份,回收 576 份,有效率达 96%。有效被调查者的基本状况如下:从有效调查对象的性别构成来看,女性 366 人,占 63.54%;男性 210 人,占 37.46%。从有效调查对象的年级构成来看,大学一年级学生占 32.98%,大学二年级学生占 24.3%,大学三年级学生占 13.89%,大学四年级学生占 28.83%;从有效调查对象的政治面貌来看,中共党员(含预备党员)占 24.24%,共青团员占 69.7%,群众占 6.06%;从有效调查对象的民族构成来看,汉族占 98.43%,少数民族占 1.57%;从所修的专业类别来看,文史哲学占 27.27%,理工农医占 36.36%,经管类占 30.3%,艺术类占 3.03%,其他占 3.04%。根据对基本信息的分析,本次调查对象在数量和构成上都较为符合高校的情况,使调查样本的客观性和可参考性得到了基本的保证。本次调查问卷采用线上和匿名的方式进行发放。因此本调查从调查对象、调查内容和调查结果来看,可以成为具有科学性的数据支撑。

2.大学生马克思主义信仰教育的基本状况

总的来说,当代大学生马克思主义信仰教育状况较好。其中,高校思想政治教育课发挥了重要教育作用,社会环境环境中的积极因素促进了马克思主义信仰教育的发展,马克思主义信仰教育获得大学生的广泛认同。

高校的思想政治教育课是马克思主义信仰教育的主要阵地。在高校思想政治教育课中,教师对学生们进行教育和疏导,启发学生们的思考,引导学生树立马克思主义信仰。习近平总书记曾在全国高校思想政治会议上说:

"高校要用好课堂教学这个主渠道;加快构建中国特色哲学社会科学体系和教材体系;更加注重以文化人以文育人;运用新媒体新技术使工作活起来。"①从调查数据来看,在"您开始全面学习马克思主义理论的方式和途径"这一问题中,选择高校思想政治课堂这一选项的人数最多,占比91.89%。在"您认为您的学校重视马克思主义信仰教育吗?"一题中,选择"非常重视"这一选项的人达到了69.23%,说明学校确实采取了切实可行的加强对大学生马克思主义信仰教育的措施。在"如何评价您学校的思政课堂"一题中,有59.46%的人认为"教育形式和手段多样,教育效果非常好",可见思想政治教育课的教育方式方法得到了学生的认可。对思想政治教育课老师的评价中,有75%的人认为教师的"理论知识非常丰富,教学方式合理",肯定了思想政治教育课教师的水平。综上所述,学校的思想政治教育课在大学生马克思主义信仰教育中起着不可或缺的重要作用,高校普遍重视思想政治教育课,教学形式和手段、教师水平和教学内容也是不断发展的。

社会主体促进大学生马克思主义信仰教育发展。社会主体是指在一定社会关系中从事实践活动的人及群体。社会主体对学校的思政课堂进行马克思主义信仰教育起到重要的补充和促进作用。一般发生在课堂之外,有目的地采取多种形式对学生进行教育。在"大学生正式学习马克思主义理论的方式"一题中,选择人数占第二位的是"大众传媒"。在"当网页推送十九届五中全会相关报道时,您会怎么做"一题中,有35.14%的同学选择了仔细阅读,59.46%的同学选择了大致浏览,这体现了大众传播媒介的重要影响力和感染力,对大学生的信仰具有潜移默化的影响。社团活动是高校丰富学生课余生活,满足学生兴趣,促进学生全面发展的活动,对马克思主义信仰的构建也起着极为重要的作用。正如有多种社团活动时,仍有53.56%的同学选择参

---

① 习近平:《在全国高校思想政治工作会议上的讲话》,《人民日报》,2016年12月9日。

加马克思主义研究会。综上所述,社会主体使大学生马克思主义信仰教育的渠道得以拓宽,能够在日常生活中对学生进行教育。

马克思主义信仰教育获得大学生的广泛认同。习近平总书记指出:"青年的价值取向决定了整个未来社会的价值取向。"①当代大学生是青年的重要代表,对中华民族的伟大复兴有着重要作用,他们的信仰也关系着祖国的未来。在调查中,信仰马克思主义的学生比例达74.27%,其中坚持这一信仰从未动摇的占88.46%。由此可见,当代大学生的价值取向和信仰追求总体上是科学而稳定的。在问及"是否愿意用习近平新时代中国特色社会主义思想武装头脑"时,表示愿意的占98.74%,体现了大学生对马克思主义中国化成果的信仰。马克思主义信仰获得了大学生的广泛认同,也潜移默化地影响着大学生的个人理想,在问及"最大的理想"的时候,有36.76%的人选择了为国家做贡献,体现了大学生强烈的责任感,勇于担当,是国之栋梁。

3.大学生马克思主义信仰教育的潜在问题

当前,大学生马克思主义信仰教育的现状比较乐观,但是社会、学校和大学生自身认识水平导致大学生信仰教育仍然存在一些问题:

大学生马克思主义信仰教育目标局限于知识性目标的问题。信仰教育离不开理论基础,离不开知识的传授。大学生要学习和掌握的知识包括马克思主义基本原理和马克思主义经典要义等。但是教育的目标不仅是要完成知识性目标,还要进一步实现一定的情感、态度、价值观目标。当前,有部分高校注重单一的理论知识的教授,主要以灌输方式为主,没有联系实际和学生的日常生活,使得马克思主义信仰教育过于理论化,缺乏对大学生的启发和引导,使得大学生无法从课堂的学习中习得崇高的信仰对人生的推动意义和对现实问题进行解决,从而将科学信仰上升到情感、态度和价值观层

---

① 习近平:《青年要自觉践行社会主义核心价值观念——在北京大学师生座谈会上的讲话》,人民出版社,2014年,第9页。

面,彻底地相信中国特色社会主义道路、中华民族伟大复兴和共产主义。因此知识性目标只是信仰教育的基础架构阶段,只有上升到实践和运用阶段,才能使信仰教育更有效。

大学生马克思主义信仰教育内容抽象枯燥的问题。信仰教育的内容应该符合学生的身心发展阶段和特点。当前,部分高校大学生马克思主义信仰教育的内容多为抽象的理论,忽视了大学生正处在受多种思想影响的阶段,以及倾向于现实的特点,集中注意力于共产主义最高理想,过于注重思想层面,而没有与学生的生活相结合,为实际问题提供解决方法,空洞地强调理论更会使得大学生丧失学习的兴趣,无法达到信仰教育的目的。另外,信仰教育的内容应该与时俱进,不断增添新的具有时代特征的部分。体现在当代,就是将中国特色社会主义实践所创造的最新成果融入信仰教育的内容中,来保证信仰教育行之有效。但是对基本理论的重复阐述是信仰教育的主要内容,老师所讲内容不够新颖。当前,社会环境和实践活动已经发生巨大变化,高校教师只有培养理论联系实际的能力,将时代特色与自己的教育内容相融合,才能帮助大学生主动地树立起马克思主义信仰。

大学生马克思主义信仰教育方式单一的问题。教育方式创新,能够推动马克思主义信仰教育不断完善发展。当前,理论灌输是大学生信仰教育的主要方式,这有利于学生构建心中的知识体系,但吸引力不强,无法让学生从中得到乐趣。信仰教育的方式方法紧紧关系着信仰教育的效果,只有改进信仰教育的方式,例如丰富当前的思想政治课堂教学形式,增加社会实践的比重,才能达到更好的教育效果。

大学生马克思主义信仰教育效果不好的问题。信仰是人们行为选择的价值标准,也是实践活动的价值指引。判断大学生是否真的具有马克思主义信仰,还要看大学生是否主动运用马克思主义的立场和观点分析问题解决矛盾。目前,大学生对马克思主义信仰有着较为广泛的认同,但具体到实践中却出现了动摇。在调查问卷中,"经常参加马克思主义教育实践活动"的学生仅占41.3%,说明了马克思主义教育实践活动吸引力不足。

(二)大学生思想政治教育中马克思主义信仰教育潜在问题的原因分析

中国特色社会主义进入了新时代,立足于这一现实,分析大学生马克思主义信仰教育现状调查问卷,以下将从社会、家庭、学校和个人能动性四个方面来分析导致大学生马克思主义信仰教育潜在问题的可能原因。

社会环境复杂。人们的思想随着市场经济的发展和科学技术的进步而日益多元化,经济成分、分配方式、就业方式以及生活方式随着经济社会转型而日益发展,使得大学生的价值观和职业观等发生转变。西方国家长期推行和平演变政策,进行文化和意识形态的输出,使马克思主义在大学生价值观念领域的主导地位受到威胁。例如消费主义、享乐主义、自由主义、功利主义、利己主义和拜金主义等思想已经侵入大学生的思想,影响着大学生的价值选择。如果不加以制止,只会使得大学生与社会主义核心价值观的价值取向相背离。

家庭忽视信仰问题。马克思恩格斯曾说:"人创造环境,同样,环境也能创造人。"①环境能潜移默化地影响人,影响的效果也是深远持久的。家庭作为学生成长和生活的一大环境,影响着学生的世界观、人生观和价值观的塑造。因此,在学生的马克思主义信仰教育中,不能忽视家庭的作用,要认识到家长是孩子的第一任老师。在日常的家庭生活中,家长往往过于重视学生的成绩,而忽视对马克思主义信仰的教育和引导,仅仅进行生活的交谈而没有达到思想上的交流,缺乏有效的沟通。还有一部分家长过于溺爱孩子,对孩

---

① 《马克思恩格斯选集》(第一卷),人民出版社,2012年,第172~173页。

子有求必应，间接导致大学生享乐主义的形成。由于我国经济飞速发展，物质生活富足，加之家长的放任，一味地满足孩子的物欲，忽视其精神需求，使得许多学生不思进取、安于现状，思想落在物质后面，忘记了坚韧不拔、开拓奋进的精神。

学校教育模式僵化。就教师来说，第一，部分教师信仰教育的过程生硬，没有一个由浅入深的过程，只是单纯地将马克思主义理论灌输给学生，而不关注他们是否有反思和反馈，是否学会运用马克思主义理论知识指导实践，是否真正主动信仰马克思主义。第二，部分教师的重视程度不足，只是进行一般的知识传授，忽略了信仰教育是以育人为目的的。第三，有些教师的理论基础不强，马克思主义信仰不够坚定，政治意识不足，思想不够新颖，视野不够宽广，不能深刻和整体地把握马克思主义，无法用自己的人格感染学生、带动学生。就学校来说，一方面，部分高校没有正确认识马克思主义理论教育和马克思主义信仰教育的区别联系，使得马克思主义信仰教育的目标变为了简单的知识目标，没有形成价值观目标，不能达到让学生树立马克思主义信仰的目的。另一方面，许多高校的马克思主义信仰实践体系没有得到完善。现在高校的实践活动主要是社团活动、党组织活动、假期的社会实践活动等，关于马克思主义信仰的实践活动相对较少，相对于党员学生来说，非党员学生的参与度和积极性较低，不同城市、不同专业的学生所能接触到的马克思主义信仰实践活动差异较大。利用"互联网+"等平台进行马克思主义信仰教育的方法还有待完善。

学生缺乏主动性。通过调查问卷我们可以发现，部分同学追求金钱和权力，迷失了自己的人生目标，使自己的精神世界受到腐蚀，出现了信仰危机。马克思主义信仰教育是一种双向交互性的实践活动，关乎受教育者的精神世界，需要受教育者积极加入教育过程，发挥主观能动性，来实现教育目的。但是部分学生缺乏主动性和创造性，大大影响了教育效果。一方面，部分大学生没有认识到信仰的重要性，认为信仰是自己的事情，而不知道人民的信仰关乎国家的现代化和中华民族的伟大复兴。并且部分学生学习马克思主义理论知识只是为了完成课程，获得学分，以便升学和就业，进行马克思主义信仰学习的动力不足。只有功利性的外在驱动力，而没有树立正确信仰的内驱力，会使得教育效果大打折扣。另一方面，部分学生缺乏创造性，无法将马克思主义信仰教育的成果转化为实践的指导，没有主动在实践中践行马克思主义，从而无法使马克思主义信仰在实践中获得强化。大学生系统地接受马克思主义理论教育，却没有将其落实于行动，很大程度上是因为缺乏创造力。

三、加强大学生思想政治教育中马克思主义信仰教育的对策

进一步加强大学生马克思主义信仰教育，需要不断改进、转变和优化教育理念，营造良好的教育环境，创新马克思主义信仰教育模式，发挥大学生主观能动性。只有凝聚各方力量，才能更好地推进大学生马克思主义信仰教育。

（一）不断改善马克思主义信仰教育观念

传统的信仰教育观念是一味地给学生教授信仰的理论知识，导致很难达到信仰教育的目的。因此要改进信仰教育的观念，坚持以人为本，发扬守正创新。

坚持以人为本的教育理念。大学生马克思主义信仰教育坚持以人为本，就是要以学生为本，认识到学生是马克思主义信仰教育的主体，将教育活动紧紧围绕学生开展，激发学生的积极性和创造性，促进学生树立坚定的马克思主义信仰。同时，发挥教师的主导作用，引导学生的马克思主义信仰教育。

一方面，要正确认识学生的现实情况和所处的发展阶段，做到理论联系实际，增强教育的针对性和有效性。不断改进思想政治教育课的教学，使得马克思主义信仰真正能深入人心，指导日常生活。另一方面，根据每个学生的不同特点，进行疏导。每个学生都有自己的独立思想，当学生的信仰出现问题时，教育者要积极与学生进行沟通，解决学生的疑虑和困惑，并引导学生进行主动的反馈，做到因材施教。

坚持全员全过程全方位育人的教育观念。教育部在《高校思想政治工作质量提升工程实施纲要》中指出，要形成全员全过程全方位育人格局，切实提高工作亲和力和针对性，着力培养德智体美全面发展的社会主义建设者和接班人，着力培养担当民族复兴大任的时代新人。要落实这一理念：第一，要全员参与。完成这一项系统性的工作，要调动一切可以调动的力量，思想政治教育课和其他课的教师都要参与，前者通过思想政治教育课讲授马克思主义理论，帮助大学生树立正确的价值观；后者将专业知识和高尚的品格结合起来。第二，要全过程育人。要关注大学生发展的各个阶段，在不同阶段的教育各有侧重。在大一时，对大学生进行职业规划教育，大二、大三培养学生的专业能力，大四将个人的理想与中华民族的伟大复兴结合起来，让学生自觉为国奉献。第三，要全方位育人。发挥社会、学校、家庭合力，将各自的优势发挥出来，协同培养大学生马克思主义信仰。

（二）营造良好的马克思主义信仰教育环境

环境对人的影响是潜移默化、深远持久的，要营造良好的社会、校园和网络环境，以增强马克思主义信仰教育效果。

塑造和谐的社会环境。塑造和谐的社会环境不仅要发挥政府的作用，加强宏观调控，还要用中华优秀传统文化塑造马克思主义信仰。第一，加强政府的调控。政府要加强宏观调控，发挥教育工作管理者的作用。要形成全社会重视思想政治教育课,重视信仰教育的氛围,使中国特色社会主义核心价值观深入大学生的内心,并自觉在行动中体现出来。相关部门也要积极地对信仰教育活动进行支持,以促进学校相关活动的顺利开展。另外,也可以在纪念馆、展览馆中设立面向大学生志愿者的岗位,招收他们做红色文化的讲解员,增加大学生对信仰教育的兴趣。第二,弘扬中华优秀传统文化。党的十九大报告指出:"深入挖掘中华优秀传统文化蕴涵的思想观念、人文精神、道德规范,结合时代要求继承创新,让中华文化展现出永久魅力和时代风采。"大学生成长过程中,传统文化起着重要作用,它能增强大学生对民族文化的尊重和认同,增强大学生爱国主义、集体主义和社会主义的情怀。所以中华优秀传统文化可以助力大学生马克思主义信仰的养成。

营造健康的校园环境。学校是大学生马克思主义信仰教育的主要阵地。学校要系统地进行信仰教育,使信仰教育渗入大学生活的方方面面。学校要营造良好的校园文化,通过广播站、宣传栏等增加对马克思主义信仰的宣传。另外,学校要积极举办参观革命纪念馆、社会调研和马克思主义经典研读活动等,让同学们切身感受马克思主义信仰的魅力,加深对马克思主义的了解,让同学们在实际生活中自觉践行马克思主义。

营造风清气正的网络环境。促进大学生马克思主义信仰教育首先要营造良好的网络环境。随着科学技术的发展,互联网联系着各国各民族,大学生也是互联网的主要使用者。但是网络信息纷繁复杂,极易对学生造成精神和思想的不良影响。因此要加强网络空间治理,维护网络安全,加强对网络的内容监管,宣扬积极向上的网络文化,使大学生的马克思主义信仰教育环境得以改善。其次,仅仅做到网络空间的净化还是不够的,还需要以网络为信仰教育的宣传平台。例如设立专门的信仰教育网站,对里面的内容及时更新,将信仰教育与时俱进;在普通搜索网页中增加信仰教育的宣传板块,合理地利用起碎片化时间。

(三)创新马克思主义信仰教育模式

高校是大学生信仰教育的主要阵地,责任重大且任务艰巨。传统的信仰教育手段和方式较为单一落后,有很大的局限性。因此高校要创新信仰教育模式,与时俱进,才能取得良好的教育效果。

将马克思主义信仰教育融入网络平台。网络是一种信息传播媒介,具有时效快、影响范围广的特点。要将信仰教育和网络平台结合起来,一方面,要将信仰教育的内容同步到网络平台,使线上和线下教育齐头并进。线上利用公众号和微博等生动的形式,以及慕课和翻转课堂这样的线上课堂,用视频或短文传递马克思主义信仰。另一方面,充分挖掘和利用网络中已有的教育资源,例如播放《中国进入新时代》纪录片,对课堂教学进行改进,实现优势互补。由于信仰教育是师生的双向互动活动,学生对网络的敏感度较高,这就要求教育者不断改进教学方式和内容。

加强马克思主义信仰教育课程建设。高校的思想政治教育课是集知识教育和信仰教育于一体的课程,其中信仰教育是核心,知识教育是为它服务的,要将马克思主义作为知识和信仰的结合体传授给学生。当前的部分思想政治教育课教学采用单一的灌输的教学方法,忽视情感的激励、价值的认同和信仰的形成;将马克思主义作为一般的知识文化,偏向于抽象化和理论化。使得学生对马克思主义的理解无法从概念和原理深入到信念和信仰。高校的思想政治教育课教学作为对大学生进行世界观、人生观、价值观的主要途径,要集中力量进行马克思主义信仰教育,让马克思主义在大学生眼里从认知变为认同和接受,并内化为信念,上升为信仰,最终成为大学生的实践指南。

(四)发挥大学生自身的主观能动性

大学生作为信仰教育的主体,具有能动性。要想使大学生马克思主义信仰教育取得显著成效,需要大学生对马克思主义主动接受、思考和践行。

重视学生主观判断力的培养。大学生既要主动接受马克思主义信仰教育,又要进行理性思考,提高判断能力,自觉抵制不良影响,坚定信仰,培育对马克思主义信仰的坚定意志。大学生会经常面对诱惑和打击,这些都可能成为树立马克思主义信仰的绊脚石。因此大学生在经历磨难、面对诱惑的时候,要学会理性思考,做出科学的判断,保持乐观的心态,迎难而上,克服困难。在任何时候大学生都能用马克思主义信仰引导自己,便意味着这一信仰已经形成。

引导大学生积极主动地接受马克思主义信仰教育。发挥大学生在马克思主义信仰教育中的主体作用,使大学生主动接受马克思主义信仰。知识的学习是信仰确立的基础。大学生可以通过思想政治教育课、党课来获得马克思主义的知识,或者积极参加马克思主义著作研读活动来自觉接受熏陶。大学生要自觉学习马克思主义理论,进而树立马克思主义信仰,将信仰转化为自己的情感和意志,以及内在品质,最终使其成为行动指南。

推荐阅读书目:

1.蒲清平:《新时代大学生马克思主义信仰教育研究》,人民出版社,2019年。

2.王开莉:《当代高校马克思主义信仰教育研究》,中国社会科学出版社,2019年。

3.徐星等:《马克思主义信仰问题研究》,人民出版社,2019年。

4.宋敏娟:《当代大学生马克思主义信仰教育研究》,复旦大学出版社,2018 年。

5.谷生然:《马克思主义信仰论》,人民出版社,2015 年。

第五讲　大学生思想政治教育中的消费观教育

　　消费主义是价值观念和生活方式二者的结合，以突出消费的象征符号意义、追求消费至上的物质主义、对消费偶像的盲目崇拜为显著特征。消费主义滋生蔓延，使大学生消费行为表现出异化现象。客观认识和评价消费主义思潮、加强马克思主义消费观教育、营造健康消费观的形成环境、警惕和拒斥消费话语控制、加强社会主义核心价值体系教育，是消费主义冲击下提高大学生思想政治教育有效性的重要途径。

一、大学生思想政治教育中消费观教育的内涵与理论依据

　　为了更好地研究大学生消费观教育问题，探究大学生消费观教育的潜在问题并提出改进措施，首先应认真研究有关于消费观教育的相关概念，以为研究奠定理论支撑。

（一）消费观教育相关概念厘清

消费主义。消费主义最初主要是指以欧美国家为典型，广泛存在于西方发达资本主义国家的价值观念或生活方式，是一种明显的价值诉求意识形态。它过分追求和提倡拥有和消费，将其作为一种生活方式和幸福生活的价值观。消费主义最早出现于20世纪初期的西方资本主义国家，在20世纪六七十年代出现了研究消费主义的高潮。在西方资本主义国家，资本家为了实现利润的最大化，极力地鼓动人们大量购买商品，想要用大量不节制的消费来促进经济的发展。消费主义实质上代表了资产阶级追求利益至上、消费至上的资产阶级意识，掩盖了资本家为了获取利益，鼓动大众进行盲目消费、沉浸于物质世界的实质。

消费观。消费观是指人们对消费所持有的态度和观点，消费观支配着人们的消费行为和消费习惯，影响人们的日常消费活动。消费观是价值观的一部分，也是价值观在经济领域的体现。因此，消费观不仅对人们的消费心理和消费行为起着决定作用，甚至对人们关于人生的选择也有着举重若轻的影响。消费观随着社会经济的发展也会有所变化，一个社会所体现的消费观反映的是一个社会经济发展的水平。目前消费观主要有三种类型，即节俭消费观、奢靡消费观和适度消费观。

马克思主义消费观。马克思主义消费观是马克思主义关于消费及与消费相关问题的根本看法或总的观点。在《资本论》和《政治经济学批判》中，马克思对消费观进行了丰富而又深刻的论述，主要包括消费与生产、分配、交换的辩证关系，消费与人的素质和发展的辩证关系，消费与环境的辩证关系等。马克思主义消费观是体现人与自然和谐统一的适度消费观。马克思主张适度消费，既反对抑制消费的禁欲主张，也反对奢侈浪费的过度消费。他在论述劳动力节约时精辟地指出："真正的经济节约就是劳动时间的节约。"而这种节约就等于发展生产力。发展生产力与发展消费能力(同时又是发展消费资料)是同步的,这与禁欲完全是两回事。禁欲绝不是发展经济的条件,只有靠提高劳动生产率、节约劳动时间,才能发展经济。马克思主义的消费观不仅是十分丰富的,而且其理论的社会主义指向也非常明确。①

消费观教育。消费观教育是指向人们传授正确、科学的消费理念,促使人们形成正确理性的消费观,进行合理的消费活动的一种教育活动。消费观教育有助于人们改变不良的消费行为,形成正确理性的消费观,提升消费者的消费素质。进行消费观教育还有助于社会经济健康发展,构建和谐稳定的社会。发达国家极为重视对人们的消费观教育,将消费观教育纳入学校课程,注重培养消费者的法律意识,指导消费者运用法律武器维护自己的合法权益。

大学生消费观教育。大学生消费观教育是指有目的、有计划、有组织地向包括本科大学生、专科大学生以及研究生在内的在校大学生传授正确理性的消费思想,引导大学生树立合理的消费观,提升消费素质,进行理性的消费行为的教育活动。随着经济社会的发展,我国的消费水平也发生了变化,人们开始向往更有品质的生活,消费能力也随之提升。面对新时代的变化,大学生消费观教育也应与时俱进。新时代大学生消费观教育需要结合当前的国情,对当代大学生进行合理、科学的消费观教育,提升大学生理性消费的能力。在我国,大学生消费观教育本质上是大学生马克思主义消费观教育,即以马克思主义消费观的内容传授给大学生,使大学生树立马克思主义消费观。树立消费节俭的观念,树立绿色消费的观念,树立人文消费的观念,厉行勤俭节约,反对铺张浪费,反对享乐主义消费观。

---

① 董立清:《浅析马克思主义消费观》,《光明日报》,2011 年 12 月 4 日。

（二）大学生消费观教育的理论依据

马克思主义的消费观是科学智慧的结晶，体现了人与自然和谐统一的科学消费理念。中华优秀传统文化博大精深、源远流长，中华优秀传统的消费观亦是中华优秀传统文化的重要组成部分，中华优秀传统的消费观不仅极具特色，而且也潜移默化地影响了中国人民的消费理念和生活方式。

马克思主义消费观是马克思恩格斯在对资本主义社会消费问题进行剖析和资产阶级消费理论的批判中诞生的，在构建其经济学理论大厦时对消费给予了高度的重视和深刻的分析。马克思认为，作为人类生产的最终目的，消费在整个社会再生产过程中具有十分重要的地位和作用。在分析消费环节时，马克思首先对消费进行了科学的分类，并把消费作为整个社会再生产过程中的有机组成部分，更着重分析了生产与消费的作用与反作用的内在联系，强调了消费在社会再生产中的重要作用，并对影响消费的经济制度因素、消费的适度性等问题做了充分的阐述。在论述消费与生产、分配、交换的辩证关系时，马克思不是就消费研究消费，而是把消费放在由生产、分配、交换、消费的相互作用构成的更大的经济体系中加以研究，从而揭示消费的重要地位和作用。马克思主义消费观形成之后，在其创始人马克思恩格斯的思想基础上，随着时代的变化，得到了进一步发展。马克思主义消费观与我国实际相结合，形成了中国化的马克思主义消费观。中国化的马克思主义消费观已逐步形成并发展成为一个完整的思想体系，对于指导我国人民的消费具有重大的理论意义和实践意义。

一提到中华优秀传统文化中的消费观，"俭"字就出现在了人们心头。的确，"节俭"是中华优秀传统文化中消费观的关键词，"节俭"一词最早出现于《晏子春秋·谏下十四》，"法其节俭则可；法其服，居其室，无益也"。中华思想文化灿烂辉煌，先秦时期百家争鸣，虽然各家流派对于消费有不同的看法，但是"俭"字却贯穿于诸子学派的消费理念中。儒家明确提出了"俭,德之共也;侈,恶之大也"(《左传·庄公二十四年》)的主张,认为节俭是一切美德中最大的德,奢侈则是一切恶行中最大的恶。孔子提出"奢则不孙,俭则固。与其不孙也,宁固"(《论语·述而》),意思是人一旦奢侈就会变得不谦逊,节俭过度了就会显得简陋。但是与其让人觉得不谦逊,宁可让人觉得简陋。由此可见,孔子崇尚节俭,倡导宁可节俭而不奢靡的消费理念。老子在《道德经》中说:"我有三宝,持而保之。一曰慈,二曰俭,三曰不敢为天下先。"意思是:"我有三种法宝,我掌握着并保持着它们:一是仁慈,二是节俭,三是不敢居于天下人的前面。"老子提倡以俭为宝,提倡"去甚、去大、去奢"。老子认为不管是做人还是治世都要做到节俭,要以俭为宝,反对奢侈浪费。墨家墨子的节俭思想更是构成其经济伦理思想的核心,主张"节用""节葬",还系统地提出了"节俭则昌,淫佚则亡"的主张节俭节用,反对奢侈浪费的思想。法家的韩非也提出了"侈而堕者贫,力而俭者富"(《韩非子·显学》)的主张。由此可以看出,中国传统的消费观基本上都是以"俭"为中心,主张节俭节约,反对奢侈浪费,以"俭"为德。

二、大学生思想政治教育中消费观教育的潜在问题与原因分析

为了更准确地认识新时代大学生消费观教育的现状,研究采取了调查问卷的形式。通过对当前在校大学生消费来源、消费水平、消费结构以及对消费观教育的认识等问题进行综合分析,得出了当代大学生消费状况以及消费观教育存在的问题。

(一)大学生思想政治教育中消费观教育的潜在问题

1.调查方案的总体设计与结果分析

运用问卷调查的方式，通过分析新时代大学生消费的状况以及大学生对消费观教育认识的状况，探索大学生消费的变化和消费观教育中存在的问题，并对其进行原因分析，以期根据问卷调查并结合实际提出有针对性的解决措施。

(1)调查的对象与实施目的

利用手机网络的高效性与便捷性，通过网络问卷平台"问卷星"以线上调查问卷的形式对某省高校大学生进行问卷调查。调查目的是通过对在校大学生的消费来源、消费状况、消费理念以及对消费观教育的认识等方面的考察，来探究新时代背景下大学生的消费观教育现状。

(2)调查问卷的题目设计

问卷由单项选择题和多项选择题构成，主要由四部分构成。第一部分为导语部分，向同学阐明了本次问卷的基本情况和目的。第二部分是被调查对象的个人情况，包含了大学生的性别、年级、家庭所在地、平均月消费。第三部分为大学生基本消费情况，包括被调查大学生的生活费来源、生活费用途、消费方式、购物方式等基本消费情况。第四部分是大学生消费观教育方面的题目，包括了对奢侈品的态度、是否有不理性消费、接受消费观教育的途径、对消费观教育的认识以及期待接受消费观教育的途径等问题。

(3)调查问卷的发放与回收

本次调查问卷一共发放问卷 1107 份，收回有效问卷为 1043 份。在收集的所有问卷中，男生占 34.58%，女生占 65.42%；来自大一的学生占 1.87%，大二的学生占 18.69%，大三的学生占 17.76%，大四的学生占 61.68%；来自城镇及市区的大学生占 46.73%，来自城郊、中小县城的大学生占 29.91%，来自乡镇、农村的大学生占 23.36%。数据回收后,通过 Excel 等进行数据分析,以求数据的严谨。

(4)调查结果的比对与分析

大学生消费的基本情况如下:

其一,新时代大学生生活费的主要来源与消费水平。通过统计的数据结果来看,有 94.12% 的大学生的生活费来自父母,有 6.86% 的大学生的生活费来自校内助学,有 23.53% 的大学生的生活费来自校外实体兼职,有 4.9% 的大学生的生活费来自网络兼职,有 16.67% 的大学生的生活费来自奖学金,有 1.96% 的大学生的生活费来自信用卡,有 6.86% 的大学生的生活费来自其他方式。通过统计的数据结果来看,有 10.28% 的大学生的月消费在 600—1000 元,有 56.07% 的大学生的月消费在 1000—1500 元,有 26.17% 的大学生的月消费在 1500—2000 元,有 7.48% 的大学生的月消费在 2000 元以上。说明了大多数大学生的消费水平比较合理,但也有小部分的同学存在过度消费的现象。分析对比数据可发现,大学生消费水平的高低与大学生家庭所在地、性别、花钱方式有关。家庭在城市的大学生消费会高于农村、乡镇的大学生;女生的消费会高于男生的消费;随意消费的大学生的消费会高于有计划消费的大学生。

其二,消费结构。通过数据状况可知,大学生的消费支出主要用于饮食、购物、交通、学习、旅游,其中大学生用于伙食的消费占比最大,在日常交际、休闲娱乐方面的消费越来越多。对比数据可以发现,大多数的学生消费结构比较合理,日常刚需所占比重较大,少数大学生的消费结构不够合理,在休闲娱乐方面的花销较多。

其三,消费观念。通过调查可以发现,当问及是否与同学或朋友有聚餐时,有 3.74% 的大学生从不聚餐,有 81.31% 的大学生有一个月一次到两次的聚餐,有 14.95% 的大学生有一周一次到两次的聚餐。当调查聚餐时选择的餐厅时,有47.66%的大学生选择在商场里的餐厅,有44.86%的大学生选择在校外小餐馆,有0.94%的大学生选择在高档餐厅,有6.54%的大学生选择学校食堂。当问及到对奢侈品的看法时,有70.09%的大学生选择了喜欢但费用不够,有4.67%的大学生选择了喜欢且会经常购买,有25.24%的大学生选择了不接受。由此可以看出,大学生的消费能力建立在经济基础之上,大学生虽然现在的经济能力不支持他们进行过高的消费,但是心中还是渴望更高层次的消费。

其四,消费认知。通过数据分析,有28.97%的大学生能非常明确地区分认知理性消费和非理性消费,有57.01%的大学生能明确地区分,有12.15%的大学生不太明确,只有1.87%的大学生不能区分和认知。当问及是否有过不理智消费时,有80.37%大学生偶尔有,4.68%的大学生经常有,有14.95%的大学生没有过不理智消费。由此可以看出大部分的大学生都有明确的消费认知,但是偶尔有不理智的消费行为,反映出大部分的大学生具有正确的消费观念,却有不理智的消费倾向。

大学生消费观教育的基本状况如下:

其一,接受消费观教育的途径。通过数据显示,大部分的大学生接受消费观教育的途径具有多样性。其中,家庭教育的比重最大,占比83.18%;学校教育次之,占比78.5%;自我教育占比63.55%;社会教育占比57.01%;其他途径占比8.41%。因此大学生接受消费观教育的途径是多种多样的,但家庭教育显得更为重要。

其二,对消费观教育的认识。调查显示,大部分的大学生都对消费观教育有着明确的认识,其中表示非常了解的大学生占19.63%,表示了解的大学生占50.47%,但也有28.04%的大学生表示不大了解,更有1.87%的大学生表示完全没听说过。这反映出虽然我国关于大学生的消费观教育在不断进步,但是还是存在着不足的地方,还是有大学生没有受到良好的消费观教育。当问及是否有必要进行消费观教育时，有74.76%的大学生认为有必要，有9.35%的大学生认为很有必要，有12.15%的大学生认为有必要但是作用不大，有3.74%的大学生认为根据个人需要进行消费观教育，认为大学生消费观教育没必要的人数为零。这反映出大学生消费观教育对于大学生来说是很重要的，消费观教育是大学生教育的重要组成部分。

2.大学生消费观存在的潜在问题

马克思曾说："消费的能力是消费的条件，因而是消费的首要手段，而这种能力是一种个人才能的发展，生产力的发展。"[①]通过上述问卷调查可以看出，大学生的消费能力与现状不匹配是大学生消费存在的重要问题，大学生的消费观主要表现为大学生具有从众消费和盲目消费、享受消费和高消费，以及攀比消费和超前消费。

从众消费和盲目消费。从众消费是指消费者自身没有主见没有目标，看到其他人买什么自己就买什么，没有根据自己的实际情况进行消费。盲目消费是指消费者没有自己的消费计划，凭一时的喜好和冲动进行购买的一种不理性消费。据调查，很多学生在消费上缺乏理性，总是喜欢和周围的人进行比较，看到别人拥有了某样东西，或者大部分同学都有，也不顾及自己是否真实需要，就冲动购买。特别是现在移动支付的发展，只要动动手指头就能购买东西，使得很多学生对金钱的花费缺乏概念，只有当月底到来，生活费不够花时才会发现自己花超了钱。而且随着网购的盛行、外卖的发展，在商家的宣传下，各种优惠券、优惠活动的诱惑下许多学生购买了一些自己并不需要的东西，不买就吃亏的消费心理使得很多学生盲目从众冲动下单。

享受消费和高消费。享受消费和高消费都是为了满足自己的物欲进行的消费，前者是为了满足自己想要享乐安逸的心理而进行的消费，后者则是

① 马克思：《资本论：政治经济学批判》，人民出版社，2004年，第86页。

为了购买一些价格昂贵的产品而进行的消费。享受消费和高消费对于一些社会地位高或是消费能力高的人来说属于正常消费，可是对于大部分大学生来说,享受消费和高消费是一种难以负担的经济消费。有些大学生可能偶尔为了放松一下会购买自己平常舍不得购买的东西,这无可厚非,可是也有一些大学生长期追求一些"高品位""限量版"商品,或是为了满足自己的物欲,沉溺于安逸与享受。

攀比消费和超前消费。攀比消费指的是为了自己"有面子",看到别人购买了什么自己也要拥有或者为了炫耀自己有而别人没有而进行的不理智的消费行为。超前消费则是消费者目前的经济状况不足以购买某种商品,而通过分期付款、预支等形式进行消费的活动。有的大学生为了买最新款的手机不惜卖肾换钱;有的大学生沉溺于游戏,为了获取更好的游戏体验而去买皮肤、买武器,偷偷将父母辛苦攒的钱全部充进游戏;有的大学生为了买包包、化妆品、潮牌去借贷,结果因"校园贷""裸贷"深陷泥沼;很多大学生年纪轻轻就背负"巨债",有的甚至因为还不上钱绝望自杀。在过去,存在着"炒房""炒股票"等现象,可随着"90后""00后"的时代的到来,出现了"鞋文化""盲盒文化""娃娃文化"等现象,而这些所谓的潮流文化需要大量金钱的投入,有时可能还会出现有价无市的现象,很多大学生也试图以这些彰显自己的不同与独特。

3.大学生消费观教育存在的潜在问题

通过问卷反映出来的状况可以看出,虽然消费观教育对大学生来说非常重要,中国的消费观教育也在不断进步,但还是存在着一些不足之处。

对大学生消费观教育不够系统化。相较于西方资本主义国家,我国对大学生消费观的教育没有那么重视。在西方资本主义国家,早在20世纪80年代就已经有很多国家将消费观教育作为学校的一个重要课程,形成了学校-家庭-社会三位一体的全方位教育体系。但是在我国,1986年中国消费者协会才在全体理事会上提出了，要在中国开展消费者教育，2019 年中国消费者协会建议将消费教育纳入教育体系，中国消费者协会副秘书长董京生先生提出："今年中国消费者协会的年主题是消费与发展，3·15 期间也要围绕这个主题开展一系列的活动，其中一个重要的内容就是要把消费教育的工作作为中国消费者协会的一项主要工作，在社会上进一步倡导和推进，也就是强化消费教育的引导作用。"相对而言，我们国家关于大学生消费观的教育不够系统化。

对大学生消费观教育的内容不够深刻。课堂应是大学生获得教育知识的主要渠道，可是只有少数学校与经济专业相关的学生才可能会有与消费观教育相关的课程。思想政治教育课更是落实立德树人根本任务的关键课程，可是目前的思想政治教育课堂对大学生消费观教育的内容只是浅浅一谈，仅有一小部分的内容会要求大学生要树立健康理性的消费观，除此之外更深刻的消费观教育的内容就没有了。

对大学生消费观教育方法简单。根据调查，目前大学生接受消费观教育的主要渠道是来自父母的言传身教，在从小到大与父母相处中，在陪伴着父母出去购物时，父母所展现的消费理念会在潜移默化中影响孩子。随着年龄的增长以及周围环境的影响，大学生就形成了简单的属于自己的消费观。除此之外，大学生接受到的消费观教育基本上是来自于学校的教育。可以看出，我国对大学生消费观教育的方法简单。

大学生本身对消费观教育意识淡薄。大学生是一个独立的个体，且大学生正处于自己独立意识强的年纪，大部分的大学生都认为自己有健康理性的消费观，对于一些消费观教育不够重视，也不会主动去接受一些消费观教育。而且在日常生活中，大部分的学生都以学习为主，很少会有大学生主动关心自己的消费状况，只有在月底钱不够用的时候，才会意识到自己的消费情况，对于消费观教育意识比较淡薄。

（二）大学生消费观教育潜在问题的原因分析

消费观教育不是一蹴而就的，大学生本身心智还不成熟，处于从单纯到成熟的过渡时期，不良消费文化的传播、社会环境的诱导、高校教育的不完善等因素导致了大学生消费观教育的问题。通过问卷调查和反映的问题，从学生、学校、家庭和社会四个维度分析了这些问题的生成原因：

1.大学生消费观自我教育意识淡薄

其一，大学生本身意志力和控制力不足。大学生的年纪大都在18岁到22岁，虽然已经成年，但是各方面的经历较少，心智还不够成熟，意志力和自我控制力也不强，而且高中时期受到高考的压制，上了大学后的"解放"使得不少大学生难以抵挡住各种诱惑，"好不容易"获得经济的自由也使得不少大学生"放飞自我"。再加上大学的同学来自五湖四海，大家有着不同的消费观，不同消费理念的碰撞也使得不少大学生的消费观受到影响发生改变。

其二，缺乏经济独立的意识，理财观念淡薄。大部分大学生在上大学之前，衣食住行都由父母管理，没有管理过自己的花销，缺乏经济独立的意识，上大学后也只是忙于学业，没有兼职的机会，只有少部分家庭经济条件不好的同学会选择打工，并没有体会到赚钱的不容易，且大学生的生活费大都由父母每月按时供应，因此大部分大学生没有理财的概念，理财观念也比较淡薄。

2.学校对大学生的消费观教育不够完善

其一，开设的有关消费观教育的课程少。目前，我国的高校开设的有关消费观教育的课程较少，只有少数与经济相关的专业的学生有机会学习到有关消费观的内容。对大学生思想教育进行培养的思想政治教育课更是对这方面的教育少之又少。对于大学生获得教育最重要的课堂都缺少相关的内容，大学生又怎能形成良好的消费观，进行理性的消费行为呢？其二，有关消费观教育的活动开发力度不足。大学生的各种活动层出不穷,但是这些活动有关消费观教育的内容却是难寻一二。社团活动、社会实践、竞赛、辩论赛等都可以是大学生获得消费观教育、增强消费观理解的重要平台。但是目前高校里的这些活动却并没有或者很少涉及这方面的内容,学校对有关消费观教育的活动开发力不足。其三,对校园不良消费行为监管的力度不足。面对大学生的一些消费欲望,某些不良商家针对大学生推出各种借贷产品,很多不节制不理性的大学生或因为难以偿还借下的贷款或因为借贷而导致的隐私泄露而陷入泥沼,甚至走上绝路。导致悲剧发生的因素有很多,其中校园对大学生不良消费行为监管的力度不足是其中重要的一个。学校没有让大学生理解借贷产品的危害,对于大学生借贷的行为没能及时制止。学校监管力度的不严是大学生未能进行理性消费的重要原因。

3.家庭方面对大学生消费观教育不够合理

其一,家长对大学生消费观教育不够重视。父母是孩子的第一任老师,对大学生的消费观教育起着"言传身教"的作用。但是大部分家长都没有给孩子讲清楚消费观的概念,更不会对孩子进行更深层次的消费观教育。大多数对孩子的消费观教育还是来自自己平时的购物习惯,比如家庭富裕一些的家长可能会带着孩子去一些大型商场、购物广场进行消费,孩子就会在心中形成自己家"不差钱"的印象,所以在自己平时消费时也不会太注意物品的价格。但是家庭经济状况不是很好的家长可能就不会带孩子去价格比较昂贵的地方进行消费,平常也是买一些比较平价的东西,于是孩子也会形成自己家庭条件不是很好的印象,平时消费时也会格外注意一点。这样的消费观教育使得很多大学生并没有形成合理的消费观。其二,家长的消费理念与大学生所接触的不匹配。据调查,大部分大学生的父母都属于工薪阶层,家庭状况以小康家庭为主,虽然平时父母没有限制大学生的消费,但是也会嘱咐孩子平时消费要节俭,不要花钱大手大脚,过度消费,还是保留了老一辈勤俭节约的精神。但是现在大部分大学生都不会有"省着花"的概念，虽然不会大手大脚，但是在平时也不会"苦"着自己，很少有大学生会有"节俭"消费的概念。其三，家长本身的消费观不够合理。随着经济社会的发展，很多家庭的经济条件都得到了提升，但是很多家长小时候却是过得"苦日子"，即使经济条件改善了，也没有改变"节约"的意识，时刻秉承着"省"的想法。有的家长从小生活在富裕的家庭，想要什么就可以得到什么，面对自己孩子的一些要求也是基本都给满足，甚至有一些溺爱孩子的家长对孩子一些无理过分的要求也是一一满足。这部分家长本身的消费观就不够合理，在对孩子言传身教的时候，这些不合理的消费观也会影响孩子，导致孩子形成不理性的消费观。

4.社会方面消费观教育的失误

其一，受到西方不良消费主义的侵蚀。经济全球化的发展以及互联网的普及，使得各种思想文化相互激荡碰撞，交流传播，可是西方的一些消费主义、享乐主义、超前消费主义等不良的消费理念也随之在国内传播，而大学生作为信息接收的前线，比其他人更容易受到影响和侵蚀。美好的事物总是令人向往，可是如果这些东西超出了消费的承受能力，美好的东西也会变成恶魔，将人拉向地狱。如果放纵这些不良的消费理念肆意地在国内传播，那些有着"勤俭节约"良好美德的大学生也会渐渐地被放纵享乐吞灭。其二，社会不良商家的诱导与市场监管的不健全。社会上总有一些不良商家为了利益不择手段。因为大学生没有足够的消费能力，某些商家趁机推出借贷产品，像借呗、花呗，甚至像一些外卖平台也推出月付的功能来满足大学生"钱不够花"的窘境。更甚者，有些不良商家还推出了校园贷、裸贷等门槛低、利息高的非法借贷产品，将一些思想和心智还不成熟的大学生拉入泥沼，使很多大学生年纪轻轻就背负"巨债"，有的甚至因为还不上钱绝望自杀。不良商家的诱导与市场监管的不严使得大学生因不良的消费行为悲剧频发。其三，相关法律法规与政治制度的不完善。近些年,消费者权益受到侵害的例子屡见不鲜,可是很少有消费者会用法律武器来维护自己的合法权益,一方面是因为消费者本身的法律意识比较淡薄,不会运用法律来制裁不良商家,另一方面也是因为我国有关的法律法规与政治制度不够完善和健全。

三、加强大学生思想政治教育中消费观教育的主要途径

根据以上对新时代大学生消费观教育存在问题的分析以及原因的探究,可以看出大学生消费观教育出现问题,是由社会环境、学校教育、家庭环境以及大学生本身多方面因素造成的,具有复杂性。因此以下从大学生自身、学校、家庭以及社会方面探究如何加强对新时代大学生的消费观教育。

(一)大学生自身应当树立正确的消费观

自觉接受消费观教育。马克思指出,"道德基础是人类精神的自律"。大学生能否接受到良好的消费观教育,虽然外界各方扮演着重要的角色,但是"打铁还需自身硬",大学生自己也要主动去了解相关的消费观教育内容,自觉地接受消费观教育,深刻理解其中的内涵。

加强自身修养,明确定位。大学生要加强科学文化修养和思想道德修养,不仅要在学业方面提升自己,在消费方面也要树立正确的消费观。正确把握自己的经济能力,在自己经济允许范围内进行消费,对于一些借贷产品要保持警惕,不要落入不良商家的圈套中。同时也要清楚自己学生的定位,把重心放在学业上面,不要让无穷的物欲控制自己,一味地追求物质享受。

(二)学校应当拓展大学生消费观教育的渠道

发挥思想政治教育课程的作用。大学生"在缺乏正确疏导和理论说服的

环境之中,便很容易受到其他思潮的诱导"①,消费观是价值观的一部分,价值观则是思想政治教育课程的重要组成部分,所以思想政治教育课程应该发挥课堂教学的重要作用。习近平总书记在学校思想政治理论课教师座谈会上指出:"办好思想政治理论课关键在教师,关键在发挥教师的积极性、主动性、创造性。"②思政课要发挥作用,思政课教师就要发挥好作为教师的主导作用。在思想政治教育的过程中,要增加有关消费观教育的内容,引导学生树立正确、理性、科学的消费观。

组织关于消费观教育的活动。大学生活丰富多彩,大学生在日常的生活中参与社团活动、竞赛比较多,积极性也高。因此学校可以借助学校社团、知识竞赛、辩论赛等形式来组织和开展与消费观教育内容相关的活动。不仅可以加深学生对消费观的理解,而且能更好地帮助学生形成科学理性的消费观。

发挥校园媒体的宣传作用。校园文化对于大学生的培养起着至关重要的作用,可以使大学生在潜移默化中受到感染,因此加强大学生的消费观教育,可以通过营造良好的消费环境来实现。校园广播站、校园文化墙、校园宣传栏等都是宣传健康消费观、加强大学生的消费观教育的良好途径。

(三)家庭要重视对大学生的消费观教育

家长要以身作则,起到榜样示范作用。家长是孩子的第一位老师,是孩子的模仿对象,家长的消费行为习惯、思想观念对孩子消费观的形成起着至关重要的作用。因此家长要主动去了解科学理性的消费观并践行,以身作

---

① 任鹏:《青年主流价值观形成的当前特征、演变逻辑和夯实策略》,《思想理论教育导刊》,2018年第12期。

② 《习近平主持召开学校思想政治理论课教师座谈会强调　用新时代中国特色社会主义思想铸魂育人　贯彻党的教育方针落实立德树人根本任务　王沪宁出席》,《党建》,2019年第4期。

则,对孩子起到一个榜样示范的积极作用,构建良好的家风文化。

加强对大学生的消费观教育,培养大学生的理财观念。家长在关注孩子学业教育的时候,也要重视孩子的消费观教育,注重培养孩子健康的消费观,锻炼孩子的消费能力,平时也要对孩子的消费行为多加注意,当孩子出现一些不良的消费行为时要及时加以纠正。同时也可以通过一次性给大学生一学期的生活费等方式,来锻炼大学生的理财能力,培养大学生的理财观念。

(四)社会要加强对消费观教育的监管和引导

加强相应的法律和制度的制定。立法是保护消费者合法权益最有力的渠道,目前我国有关消费的立法和政策还不是十分完善。所以必须运用好现有法律,切实树立依法保障消费者合法权益的理念。而且必须克服现有法律的缺陷与短板,构建起保障消费者全方面利益的立体保护网,让消费者的合法权益遭遇侵犯后得以有法可依,从而能有力的惩罚恶劣企业的违法违规行为。

社会上加强消费观教育的宣传。阮超群在《中国当代消费观教育转型研究》中提出,"就消费者与自身的和谐来说,消费不仅是一个肉体生产的过程,也是精神生产的过程。用科学发展观引领的社会主义消费观,使消费者不再盲从自然的、肉体的、非理性需要,摆脱消费主义把人生的意义淹没于对物的片面追求之中,拯救消费主义带来的精神极度空虚和意义世界的严重倾斜"[①]。新时代,新媒体的发展速度愈加迅速,各种新媒体平台不断涌现。新媒体对社会风气的形成起着重要的作用。因此新媒体平台要加强宣传普及健康理性的消费观念、消费行为,用科学发展观引领社会消费风尚,帮助

---

① 阮超群:《中国当代消费观教育转型研究》,东南大学出版社,2019年,第5页。

大学生形成健康向上的消费观,并积极回答大学生在消费方面出现的疑问,为大学生的消费提供借鉴和参考,加强对大学生正确消费观的引导。

推荐阅读书目:

1.林明惠:《大学生绿色消费观教育》,社会科学文献出版社,2019 年。

2.罗子明:《消费者心理学》,清华大学出版社,2007 年。

3.郑红娥:《社会转型与消费革命——中国城市消费观念的变迁》,北京大学出版社,2006 年。

4.卢嘉瑞、吕志敏等:《消费教育》,人民出版社,2005 年。

5.尹世杰:《消费文化学》,湖北人民出版社,2002 年。

第六讲 网络时代大学生思想政治教育面临的机遇和挑战

　　网络时代的到来,为思想政治教育的发展注入了生机与活力。在新时代背景下,思想政治教育在内容、方法、效率等方面的发展迎来了全新机遇,能更好地提升其受众效果和发挥社会效益,同时也面临着学习主体易受侵害、部分教育主体能力滞后、发展环境相对复杂等诸多挑战。究其原因,主要是网络信息鱼龙混杂,学生价值体系尚不成熟,部分教师能力有待提高,相关法律法规不够完善等。因此网络时代对大学生进行思想政治教育必须要扬长避短,发挥网络时代独特的优势,抓住机遇,同时也要积极应对风险和挑战。基于此,需要从国家、学校、家庭、个人四个层面寻求解决其面临难题的有效途径:在国家层面,完善相关法律法规、加强网络平台监管,加强基础设施建设;在学校层面,加强教师培训、加强学生教育,创新教育方法;在家庭层面,加强对学生的了解和监督,自觉学习,营造良好的家庭氛围;在个人层面,提升辨别力、自控力、学习力。总之要发挥各方优势,合力求解难题,以期更好地发挥思想政治教育效果。

一、网络时代思想政治教育概述

网络技术的广泛应用,为我们的学习和生活注入了生机与活力,对思想政治教育的发展也产生了极大的影响。思想政治教育的发展必须要顺应时代发展趋势,更好地满足学习主体的需要,促进社会发展。因此我们要在充分了解和掌握网络时代思想政治教育相关概念的基础上,结合实际把握其时效性、丰富性、互动性、虚拟性等特点来加强对网络时代思想政治教育的认识和了解。

(一)网络时代思想政治教育的相关概念

网络时代。网络一词最早出现在电学中,后来被广泛应用于日常生活。互联网最先产生于冷战时期的美国,美国为了改变自己当时的窘迫局面,组建了一个互联网的前身"阿帕网",并随着时间的推移不断加以完善和发展,逐渐在全球传播和普及开来。随着网络技术的不断发展和提高,网络时代随之到来。胡泳提到,我国的互联网事业起步较晚,以1995年开放网络接入服务为标志,我国才开启网络时代的大门。①网络时代是一个依托互联网技术,包含规模空前的信息资源并能及时传递和反馈信息,深刻影响人的生产生活的动态的、开放的全新时代。网络时代以"网络化"为主要特征,是在工业文明的基础上发展起来的新的文明时代,对社会发展具有划时代的意义。网络时代既概括和延伸了"网络"的基本含义,又被赋予全新的、特定的意义。毫无疑问,目前人们正处于全新的网络时代,在新的历史条件下不断发展进步。调查问卷表明,当被问道:"结合生活实际,您是否认为我们已经迎来了

---

① 胡泳:《电信赢家:一个前沿市场的战略标本》,北京机械工业出版社,2006年,第19页。

全新的网络时代？"时，96%的被调查者给出了肯定的答案，4%的被调查者并不认为我们迎来了全新的网络时代。在大多数人看来，网络已经成为必不可少的一部分，网络时代的到来是社会发展的必然趋势。

网络时代思想政治教育。现如今，随着网络和社会的不断发展，加强网络时代思想政治教育的研究成为一个重要的时代课题。高健等认为，从广义上讲，网络思想政治教育不单指我们在网上进行思想政治教育，还指在网络的影响下开展的网下思想政治教育以及在现实思想政治教育活动之中教育主体对网络社会的能动反作用。①网络时代思想政治教育并不仅仅是思想政治教育依靠网络的单一体现，它更多地强调网络与思想政治教育的各种紧密联系和相互作用。

（二）网络时代思想政治教育的基本特点

时效性。网络时代思想政治教育以网络媒介为依托，在信息的传播和反馈上呈现出实时性的特点。正是因为网络信息的及时传递，使得我们能够第一时间了解和掌握其中的信息，增强了思想政治教育内容的时效，从而有效弥补了传统思想政治教育滞后性的弊端。同时，借助网络工具，我们可以随时随地的参与思想政治教育过程之中，不再局限于传统课堂的上课时间和场所，逐渐打破了传统思想政治教育的时空局限，使我们的学习和生活更加便捷。

互动性。网络思想政治教育出现之前，教师在整个教学过程中处于主导地位，学生只能被动地接受知识的灌输，不利于学生对知识的理解和消化，不利于学生的全面发展。而在全新的网络时代，学生可以不再局限于教师的言传身教，可以自主通过网络获得自身所需要的信息，而教师在这个过程中

---

① 高健、王美珍：《网络思想政治教育的内涵与特征探析》，《农村经济与科技》，2021年第3期。

不再处于绝对的主导地位,教师的权威有所弱化,师生关系逐渐平等化、民主化。在此基础上,学生可以和教师进行良性互动,便于学生更好地发表自己的意见和看法,发挥学生在学习中的主体作用。同时,网络又是一张巨大而复杂的关系网,具有极大的开放性和互动性。

丰富性。不管是从内容上还是形式上来说,网络时代思想政治教育都呈现出丰富性与多样性的特点。网络的开放性使得各种各样的信息都汇聚其中,思想政治教育内容在广度和深度上都有所发展,同时网络信息资源的共享性也丰富了思想政治教育的内容。这些内容往往通过更加新颖有趣的方式呈现出来,形式也更加多样。

虚拟性。与现实社会不同,网络社会是一个虚拟的社会。我们可以通过文字、声音、图片等进行沟通与交流,但是对于网络那端的人的外貌、年龄、性格、思想等却不能准确把握。我们在运用网络时,信息可以虚构或者编造,面对各种各样的信息,我们很难辨别其真假,网络呈现出虚拟性的特点。正是由于网络世界具有虚拟性的特点,使一些不法分子拥有了可乘之机,加之网络相关法律尚未完善、监管力度不足等因素,网络时代思想政治教育呈现出无序性等特点,导致网络秩序较为混乱。

二、网络时代思想政治教育面临的机遇

习近平总书记鲜明地指出:"信息化为中华民族带来了千载难逢的机遇","我们必须敏锐抓住信息化发展的历史机遇。"[1]在当今社会,网络媒介的广泛应用给我们带来了诸多的便利,正深刻地影响着我们的生活。同时,其在思想政治教育领域也被广泛应用,凭借独特的优势逐渐成为思想政治

---

① 习近平:《敏锐抓住信息化发展历史机遇 自主创新推进网络强国建设》,《党建》,2018 年第5 期。

教育的一种媒介和手段。我们正处于网络时代思想政治教育发展的全新历史机遇期。

据调查,在被问到"与传统思想政治教育相比,您是否更青睐于网络时代思想政治教育"时,有82%的被调查者更倾向于网络时代思想政治教育,18%的被调查者则更喜欢传统的思想政治教育。结合问卷调查和实际观察发现,在网络发达的今天,网络使得当今思想政治教育不同于传统思想政治教育,人们也越来越青睐于网络时代思想政治教育。

(一)网络时代为思想政治教育的发展开拓了更加广阔的前景

网络使得思想政治教育具备更加有利的条件和优势,使其有着更加光明的发展前景。作为思想政治教育传统媒介手段的延伸和补充,网络媒介具有时效性、交互性、便捷性、开放性等特点,这也就决定了网络时代思想政治教育自身具有独特的优势,在丰富内容、创新方法、加强时效、提高效率等方面的作用逐渐凸显。

网络丰富了思想政治教育的内容体系。在传统思想政治教育的过程中,我们大多以课堂教学为主,我们所能接触到的无非就是来自图书报纸、电视广播或者身边人言传身教的一些单一枯燥的思想政治教育内容。而与传统思想政治教育的内容大不相同,有了网络媒体作为支撑,新的思想政治教育所呈现的内容更加丰富。网络作为一种信息传递媒介,是一个庞大的信息网,其为思想政治教育提供了丰富的资源和内容。我们可以从网络上获得我们所需要的各种信息。网络为思想政治教育提供了一个更大的发展平台。此外,网络时代的思想政治教育打破了传统思想政治教育形式单一、内容枯燥等的弊端,以灵活多样的形式给大众带来更加新颖、多样的内容,对于学习主体更具吸引力。我们可以不再局限于传统的内容和形式,图片、文章、短视频等都有可能成为我们思想政治教育的资源和素材。

网络拓展了思想政治教育的方法和途径。传统思想政治教育模式是相对单一的,主要依赖教师在课堂上对于学生的单向灌输,学生只能被动地接受学习。网络时代思想政治教育很好地弥补了传统思想政治教育的不足,它以开放性、互动性等的独特优势打破了传统的思想政治教育模式。教师可以不再局限于课本的固定内容,可以更好地利用丰富多样的资源来丰富课堂教学内容,从而激发学生学习的积极性和主动性。在网络时代,可以不再只局限于在课堂上进行思想政治教育, 还可以通过网上主题团课、党课、微博、微信、短视频等途径获得信息和资源。在这个包容性极强的网络时代,我们可以通过多种途径主动参与到思想政治教育队伍中去,实现从教育客体到教育主体的转换,每个人都成为教育者,实现思想政治教育的双主体互动,充分发挥各个主体的积极性。在新冠肺炎疫情停工停课期间,线上教学作为教育教学的重要途径, 能够有效突破时间和空间的限制,满足学生的学习需要。

网络打破了思想政治教育的时空局限。网络时代思想政治教育以其独特的优势,逐渐打破了思想政治教育的时间和空间的限制,在提高思想政治教育效率方面发挥了巨大的作用。传统思想政治教育只能在特定的条件下进行,受到很多条件的限制。我们经常接触到的传统思想政治教育往往是通过课堂上教师的言传身教、图书报纸等印刷品、经过信息加工的电视广播等形式来进行,内容的呈现往往需要一定的时间,这就使思想政治教育不可避免地存在一定的滞后性。如果我们总是获得一些过时的内容,我们的思想政治教育就不能很好顺应时代发展趋势,从而就会与社会脱节,达不到思想政治教育促进社会发展的预期效果。网络的即时性和交互性等特点使得我们能够打破时间和空间的限制,及时获得最近的信息和资源,加强其时效性以获得更好的思想政治教育效果。只要有一台电脑、一部手机和所需的网络作为媒介,我们就可以随时随地的获取思想政治教育的信息和资源,为实现思想政治教育的良性互动提供便利的条件。

(二)网络时代为思想政治教育育人效果的发挥提供了有利条件

以更加新颖的内容和形式激发受众的学习积极性。网络时代,思想政治教育的内容凭借多样性、丰富性、趣味性等特点向社会公众充分展示了其强大的吸引力,更能激发大众的学习兴趣。教师可以通过网络渠道获取和收集更加丰富有趣的思想政治教育资源,使学生更加积极地参与思想政治教育之中。除此之外,有了网络媒介作为支撑,网络时代思想政治教育以更加多元的形式给受众呈现出多姿多彩的思想政治教育内容。例如公众号、短视频、微博等都以生动活泼的形式来组织开展思想政治教育,这些新颖的形式更令人容易接受,更易激发大众的积极性和主动性。

交互性、开放性的教育模式更能满足受众的多样化需求。传统思想政治教育主要以班级授课的形式进行,在课堂上,学生学习的自主性较差,教师作为思想政治教育的主导者对学生进行思想政治教育,这样的教育模式不利于教师及时全面的了解掌握各个学生的情况和需求,不利于因材施教。对于学生而言,在教师的权威之下,很多学生不敢表达自己的真实问题和想法,导致学生的许多问题得不到解决。网络时代,思想政治教育凭借交互性、开放性等特点很好地弥补了这一不足,在网络时代思想政治教育之中,教育主体的多元化和教育方式的多样化使得越来越多的人积极主动地参与到这一过程之中。网络思想政治教育能够突破传统思想政治教育工作者一对多的弊端,更加注重教育客体的个别差异性,能更好地满足各个主体的多样化需求,从而使思想政治教育更有针对性。在网络思想政治教育的过程中,受教育者可以通过自己的需求去获取本身所需要的资源,也可以通过多样的方式来表达自身的想法和感受,教育者可以采取一系列有针对性的对策和方式来进行思想政治教育,实现与受教育者的良性、有效互动,以达到更好的教育效果,满足受众的多样化学习需求。

网络时代背景下的新要求促进受众提升多方面的能力。在传统思想政治教育之下,学生只能被动地接受教师思想政治教育内容的灌输,不能深入地理解和挖掘内在的价值和意义,只能停留在浅层次的了解之上。网络时代思想政治教育需要学生主动参与到教育过程之中,在此基础上,学习主体必须提高自身的网络应用能力、提取信息能力、信息甄别能力、理解能力、学习能力等各种能力。

(三)网络时代为思想政治教育社会效益的发挥提供了更大平台

网络促进思想政治教育大众化的实现。传统思想政治教育的学习主体大部分都是在校学生,思想政治教育的开展有赖于学校的教学活动。网络的广泛普及使思想政治教育的学习主体不再仅仅局限于学生,人人都能参与思想政治教育过程,我们不单是学习的主体,也可以成为教育的主体。正是因为网络时代具有开放性、便捷性、交互性等特点,使得思想政治教育不再局限于学校的"围墙"之内,逐渐成为一个开放的教育体系,利于促进思想政治教育大众化。

网络促进全社会思想道德水平的提高。网络时代思想政治教育顺应社会发展趋势,能提高全社会道德水平。互联网技术的发展使得思想政治教育不断延伸,逐渐渗透到我们生活的方方面面,形成了一个开放的、多领域的立体式格局。在网络时代,思想政治教育的主体更加广泛,人人可以通过网络参与到思想政治教育过程之中。同时,有了网络媒介的支持,社会公众参与思想政治教育的途径更加多元,有利于全社会道德水平的提高。

三、网络时代思想政治教育面临的挑战及成因分析

思想政治教育的先导性和意识形态性使我们不得不重视思想政治教育的发展。网络对于促进思想政治教育发展而言有着不可比拟的优越性。与此同时，网络是一把双刃剑，其为我们的思想政治教育带来了全新机遇的同时，也给我们带来了诸多挑战，这些挑战不容忽视。我们必须要从实际出发，清楚地认识到其中的问题和不足，并深入分析和挖掘其背后的成因，借助网络技术不断开拓思想政治教育更加广阔的发展前景，更好发挥其育人价值。

（一）网络时代思想政治教育面临的挑战

学习主体易受侵害。在被问到"您认为自身价值观的形成受到网络相关信息影响的程度如何？"时，19%的被调查者认为自身完全受到网络信息影响；60%的被调查者认为自身价值观形成受网络影响较大；20%的被调查者认为自身的价值观形成受网络信息影响不大；1%的被调查者认为自身价值观的形成丝毫不受网络信息的影响。

其一，不良信息的侵害。网络是一个丰富而又复杂的信息网，里面包含了各种各样的信息，这些信息鱼龙混杂，良莠不齐。其中，一些过时的、低俗的、腐朽的信息正侵害着学习主体的思想和心灵，改变了其学习、生活方式，甚至影响其一生的发展。网络上的不良信息往往是经过精心加工和包装的，目的是使自身具有更强的蒙蔽性和更高的吸引力，往往不容易被辨别和发现。目前，很多违法犯罪活动都与网络上不良信息的传播有关，不良信息正或多或少地影响着我们的身心健康。

其二，多元思想的冲击。王玉明指出，在当前社会，网络的开放性、东西方文化的交流与碰撞、传统和现代的相互融合使得我们能够通过多样的途

径获得各种各样的信息。当然,这些信息之中包含的价值观等思想并不是绝对统一的,其中渗透的多元思想正在冲击着我们的价值观,深刻地影响我们的日常生活和自身发展。①网络全球化使全世界的信息得以交流,我们在受到中国优秀传统文化和中国特色社会主义文化熏陶的同时,也正在潜移默化地受到西方享乐主义、拜金主义等思想的影响和渗透。贾琬朝曾指出,网络信息的全球化了西方国家渗透其意识形态的机会,他们企图通过网络来对中国国民进行西化教育。有了网络技术作为媒介,这些信息的传播变得更加迅速,空间也更加广泛。他们在网上标榜的社会形态、生活方式、价值观等对大学生思想状况的发展提出了极大的挑战。②

教育主体能力滞后。其一,个别教师能力不足。网络时代思想政治教育对教育者的能力和素质提出了更大的挑战和更高的要求,作为新时代思想政治教育课教师,不断提升自身能力已经成为应有之义。当前,在思想政治教育过程中个别教师仍认为只要在岗位上就可以"一劳永逸",丝毫没有意识到自身能力也应与时俱进、不断发展。在传统思想政治教育过程中,教师只需要掌握各种教学能力以及教学所必需的学科专业素养,而在网络时代思想政治教育过程中,教师除了要具备以上必备的技能和能力之外,还要具有网络操作的能力、判断筛选信息的能力、与时俱进的品质等。如果教师的能力跟不上网络思想政治教育发展的节奏和趋势,那么以此产生的思想政治教育的效果是可想而知的。教师能力的滞后与不足成为阻碍思想政治教育发展的一个重要因素。其二,教育权威有所减弱。在传统思想政治教育中,教育工作者是教育主体,在教育过程中发挥主导作用,可以更好地掌握教育的实施状况、学生情况、发展方向等。但是与传统思想政治教育不同,随着网

---

① 王玉明:《多元文化背景下高校网络思想政治教育工作研究》,《林区教学》,2022 年第 3 期。

② 贾琬朝:《网络时代思想政治教育面临的机遇和挑战》,《新西部》,2018 年第 8 期。

络的发展,受众越来越多地直接从互联网上获取思想政治教育资源,并主动参与到思想政治教育过程中,主体性得到更好的发挥。长此以往,受众对于教育主体依赖性不断降低。同时,学习主体不再简单地扮演知识接收者的角色,更成为思想政治教育的参与者和研究者,有了更加成熟的知识体系下的思维结构。思想政治教育过程中的"教学相长"模式对教育者的地位和权威提出了挑战。

发展环境相对复杂。其一,社会价值观受到影响。网络时代思想政治教育的出现对于社会发展提出了严峻的挑战。我们不可否认,网络的发展带动了整个社会的发展,但是网络时代思想政治教育的种种弊端,正深刻地影响着我们社会的价值观。一些腐朽的、消极的、落后的内容阻碍"富强、民主、文明、和谐"的现代化国家建设,不利于"自由、平等、公正、法治"的美好社会建设,妨碍"爱国、敬业、诚信、友善"的公民道德规范的培养,从而不利于社会的发展。其二,社会秩序易遭到破坏。网络时代思想政治教育的开放性、虚拟性、无序性等诸多特点不利于社会秩序的维护。网络的开放性、交互性使得各种各样的信息传播,其中一些虚假的、不实的信息会引起社会恐慌,不利于社会的和谐稳定。2011 年,日本发生了大地震,从而引发了海啸、核辐射等种种问题, 由于网络信息的迅速传播,"吃碘盐能防辐射""避免吃到日本辐射盐"等谣言"火"遍大江南北,造成了社会恐慌,严重扰乱了社会秩序。

(二)网络时代思想政治教育面临挑战的成因分析

网络时代信息鱼龙混杂。网络信息鱼龙混杂、良莠不齐是我们在网络时代思想政治教育过程中面临诸多挑战的重要原因之一。在法律、道德、舆论等因素的制约和监督下,传统媒介中极少存在不良信息。但是网络媒介所具有的独特传播特点使得色情、暴力等内容在"标榜自由"的网络世界里大行其道。在传统的思想政治教育中,我们依靠报纸图书、电视广播等媒介来获取已经被筛选过滤的思想政治教育内容,而在实时传播的网络世界,其开放性、包容性使得我们能获得"原汁原味"的第一手资源,这些资源以极高的隐匿性存在于我们生活的方方面面,难辨真假。如果我们不能对其进行及时准确的甄别和选择,其后果是可想而知的。

学生价值体系尚不成熟。任昊、傅秋野指出,在面对复杂网络信息时,大学生自身能力不足以抵御不良信息的侵害,容易陷入观念的模糊和认知的偏差中,影响自身正确世界观、人生观、价值观的养成。[①]作为思想政治教育重要学习主体的学生,其价值观、人生观的形成与发展尚不成熟,容易受到不良信息和多元文化的影响和渗透。同时,学生在网络时代思想政治教育中部分能力仍有所欠缺,例如辨别是非的能力、自我控制的能力、自我教育的能力等必备的能力,这些能力的不足会使学生难以抵御网络时代思想政治教育带来的消极影响。除此之外,青年学生较低的思想觉悟也给不良信息提供了可乘之机,在面对不良信息的侵害和多元思想的渗透时,其难以自觉地抵制和正确地应对。

个别教师能力有待提高。教师作为重要的教育主体对于思想政治教育工作的开展有着决定性的意义,在全新的网络时代,思想政治教育的蓬勃发展对教师提出了更高的要求。目前,个别教师能力的滞后严重阻碍了网络时代思想政治教育的发展,不利于其优越性的展现和良好效果的发挥。这些教师习惯于传统的教学模式,没有正确认识网络媒介对于思想政治教育发展的积极性,对于网络思想政治教育有所抵触,没有意识到全新的网络时代已经到来。他们总是局限于传统能力的提高,却没有准确掌握新时代下学生的新情况和新特点,忽视了网络时代背景下所要求的网络资源筛选、整合、利用等能力的培养。

---

① 任昊、傅秋野:《高校网络思想政治教育创新研究》,《现代教育管理》,2022 年第 2 期。

相关法律法规不够完善。当被问道："您认为当前网络时代思想政治教育的相关法律法规是否足够完善"时,16.1%的被调查者认为当前网络时代思想政治教育的相关法律法规十分完善;55.1%的被调查者认为网络时代思想政治教育的法律法规较为完善;28.8%的被调查者认为网络时代思想政治教育的法律法规尚不完善。结合调查问卷和实际情况,我们不难看出,仍有一部分人认为网络相关法律法规不够完善,给了一些违法犯罪分子可乘之机。要想促进网络时代思想政治教育更好的发展,完善相关法律法规迫在眉睫。网络时代思想政治教育中的各种不良和非法信息之所以能够大行其道,最重要的一个原因就是目前相关的法律法规不够完善,监管不够到位,对违法行为的打击力度不足,这就给了一部分人"钻空子"的机会。由于网络时代社会不断发展,部分法律不能满足当前的需要,而且网络立法存在一定的滞后性,难以适应当前的发展,造成相关的法律法规不够完善,难以约束和打击违法违规行为。

四、构建立体式、多层次的网络时代思想政治教育发展路径

不断发展的网络技术是实现思想政治教育现代化的有力工具和重要法宝。如何破解网络时代思想政治教育的难题,以及如何在网络时代促进思想政治教育更好的发展成为重要的时代课题。马克思主义联系观要求我们要用联系的观点看问题,掌握系统优化的方法,既要立足整体,又要重视发挥部分的作用。这就需要我们立足网络时代思想政治教育发展的现状和社会发展的需要,从社会、学校、家庭、个人四位一体出发,四方合力求解思想政治教育难题。

（一）加大对网络时代思想政治教育的支持力度

完善相关法律法规，为网络时代思想政治教育的发展提供法律保障。刘铭认为，在网络时代，制定和颁布一部完整的、系统的计算机网络法律既是当务之急，又是大势所趋。[①]法律是治国之重器，我们要想解决网络思想政治教育面临的难题，就必须要发挥法律法规的规范、警醒作用。国家机关要完善相关的法律法规，为打击违法行为提供法律依据，实现有法可依。除此之外，还要重视对社会公众进行普法教育，使其知法懂法、学法用法，从而减少网络违法行为的发生，更好地保障社会公众的合法权益。

加大网络监管力度，为网络时代思想政治教育的发展净化网络环境。法律是规范网络行为的重要保障，但是如果有了完善的法律法规，我们却无视法律的存在，那么法律就成了"纸老虎"，难以发挥效益。因此这就要求我们做到严格执法、违法必究，加强对网络平台的监管，严厉打击网络违法行为。加强网络平台的监管，能够从源头上减少网络违法行为的发生，净化网络环境。我们在通过网络参与思想政治教育的过程中能够有效避免不良信息和不法行为的侵害，从而促进思想政治教育更好的发展。

加强网络设施建设，为网络时代思想政治教育的发展提供物质基础。支持学校加强网络基础设施建设，为思想政治教育发展提供坚实的基础和保障。国家可以通过完善相关硬件设施，为各个网络思想政治教育平台提供物质支持。通过培养大量的技术人员和优秀人才，为网络思想政治教育的发展提供人才支撑。此外，国家还可以通过制定一系列有利于思想政治教育发展的相关政策，为网络时代思想政治教育的发展提供政策支持。

---

① 刘铭：《基于网络视域下法律体系所面临困境及创新策略研究》，《法制博览》，2021年第3期。

（二）提高学校对网络时代思想政治教育的重视程度

开展教师培训,提高教育主体的网络应用能力。学校作为思想政治教育的主阵地,应当积极担起发展思想政治教育的重任。学校要想解决思想政治教育发展中遇到的难题,促进思想政治教育更好的发展,必须要重视开展教师培训,使教师既具备网络时代所要求的各种能力,又具有与时俱进的思想政治素养,从而促进教师综合能力的不断提高,建设一支高质量的师资队伍。同时,思政课教师必须要不断加强自身建设,顺应时代发展的要求,与时俱进,主动发展,自觉提高自己的学科和能力素养。

加强教师教育,提高教育主体的道德自律水平。作为学校思想政治教育的主体,教师必须要承担起教育学生的重任。面对复杂的网络环境,在思想政治教育的过程中,教师必须要注重学生"政治认同、科学精神、法治意识、公共参与"核心素养的培养,使其在鱼龙混杂的网络信息中坚定正确的发展方向。除此之外,学校教师还应注重加强对学生学习能力、辨别能力、自控能力和抗风险能力的培养,使学生在应对各种风险与挑战时始终不断前进。

依托网络技术,提升网络思想政治教育的效果。时代在发展,社会在进步,处在发展中的学习主体需要更加灵活开放、新颖多样的教育方式和教学方法。在日新月异的网络时代,传统的思想政治教育方式已经不能适应当今时代的发展,创新教育模式和教学方法成为思想政治教育发展的迫切要求。教育模式的改进和教育方法的创新能够极大地调动学生学习的积极性和主动性,从而促进思想政治教育效率的提升,更好地发挥网络时代思想政治教育的育人效果。在网络媒介的支持下,教师可以更加广泛的利用网络资源和网络信息来丰富思想政治教育内容。此外,教师还可以组织各种各样的活动,采用新颖的教学模式和教学方法打造"立体式""交互式"课堂,把课堂还给学生,充分发挥学生的主体作用。

　　坚持以文化人，融入中华优秀传统文化。在网络时代，我们在不断追求新内容、新方法的同时，也不能抛弃我们的优秀传统文化根基。为了网络时代思想政治教育更好的发展，学校应将中华优秀传统文化融入思想政治教育之中，坚持以文化人，以文育人，使学生在中华优秀传统文化滋养和浸润中树立高度的文化自信，在面对网络时代思想政治教育的风险与挑战中，坚定自己的文化立场和政治方向，避免误入歧途。

　　网内网外结合，实现网内网外优势互补。传统的课堂教学、班主任德育教育、社会实践活动、身边人的言传身教等都是思想政治教育的有效途径，在思想政治教育发展过程中发挥了重要作用，同时也不可避免地存在一定的局限性。网络时代的到来丰富了思想政治教育的途径，为思想政治教育打造了一个更加开放、更加广阔的平台，在一定程度上有效弥补和避免了传统思想政治教育的局限性。我们应该辩证地看待思想政治教育的各种形式，取长补短，使这些形式更好地为思想政治教育服务。在学校的思想政治教育的过程中，教师要做到网络思想政治教育和传统思想政治教育相结合，实现网内网外的优势互补，从而实现思想政治教育效果的最大化。

（三）营造发展网络时代思想政治教育的良好家庭氛围

　　加强沟通交流，了解学生上网情况。当前，出于种种原因很多学生不愿意和家长进行交流与沟通，喜欢把自己的心事埋在心里，甚至是在网上找人倾诉。家长不能及时了解孩子的情况，不能在孩子面临问题的时候给出正确的指导。这就需要家长主动关心孩子，加强与孩子的沟通与交流，及时了解孩子的情况和遇到的难题，为孩子在网络时代进行思想政治教育提供支持和帮助。随着学校教育的不断发展和义务教育的普及，部分家长认为教育学生是学校的任务和教师的工作，与父母和家庭的关系甚微。但是要想促进学生更好地参与到思想政治教育的过程中，必须要家庭和学校双方共同发挥作用,实现家校共育。家长要做到积极配合学校,支持学校的工作,及时从学校了解学生的情况并向教师反馈学生状况。

学习网络知识,营造良好家庭氛围。父母是孩子的第一任老师,陪伴孩子的成长与发展,更了解和熟悉孩子各方面的情况,相对于学校教育和社会教育,家庭教育更具有全面性和针对性,在学生思想政治教育过程中发挥着不可替代的作用。学生家长必须要以身作则,积极主动学习网络知识,了解网络不良信息以及腐朽思想的危害,熟知网络法律法规,在学生上网的过程中加强对其监督,营造积极向上的网络思想政治教育的家庭氛围。作为社会的主体,家长也不能止步不前,要做到不断学习网络知识,积极正确地利用网络媒介参与到思想政治教育的过程之中,不断提升自己的科学素养和道德水平。

(四)提高受众参与网络时代思想政治教育的能力素质

提高辨别力,学会甄别复杂网络信息。恩格斯认为:人是社会历史领域内进行活动的,是具有意识的、经过思虑或凭借激情行动的、追求某种目的的人。[①]在复杂的网络环境中,人们并不是被动地接收信息和思想的灌输,而是有意识、有目的地对其加以辨别和选择,并积极主动地参与到思想政治教育过程之中。网络是一个复杂的信息网,信息鱼龙混杂,其中既涵盖积极向上的内容,也包括落后腐朽的思想、不良信息等。这些不利于受众发展的信息总是以极强的隐蔽性和迷惑性呈现在人的面前,总是以这样或那样看起来新颖有趣的内容和形式来吸引公众的注意力,却不容易被人发现。要想减少不良信息的侵害,充分发挥网络媒介对于思想政治教育的积极推动作用,就要求我们每一个人提高辨别是非的能力,明辨是非,甄别良莠。在这样一

---

① 《马克思恩格斯文集》(第四卷),人民出版社,2009年,第302页。

个广泛、开放的网络体系中，我们绝对不能盲目从众，要有自己的判断和主见，能够自主对事物的性质和特点做出准确的判断。对于积极向上的内容做到为我所用，落后腐朽的部分坚决抵制。

加强自控力，自觉抵御不良信息侵害。在参与网络时代思想政治教育的过程中具有明辨是非的能力固然重要，但是在辨别能力基础上的自控力培养也不容忽视。为什么网络违法行为屡禁不止？受众能力的不足以及法律意识的淡薄是重要原因，同时也存在不少人在面对各种诱惑的时候缺乏自控力，知法犯法，明知不可为而为之。作为新时代青年，我们必须要提高自我控制的能力，在面对各种诱惑的时候能够坚持自我，自觉抵制不良信息的侵害。同时，网络思想政治教育的参与者要加强自律，自觉做到不浏览不良信息、不学习不良内容，做到不支持、不参与违法活动。在参与思想政治教育时，发现违法信息和违法行为要积极向有关部门举报，共同营造良好的网络思想政治教育氛围。除此之外，作为网络时代思想政治教育的经营者，各类市场主体必须要积极承担社会责任和履行应尽的义务，绝不能因个人私利而损害他人和整个社会的利益，从自身做起，坚决杜绝违法行为的发生。

提升学习力，高效利用网络学习平台。网络为我们提供便利，使我们的学习更加便捷、高效。我们要充分利用网络媒介的开放性、交互性、便捷性、时效性等优势，来满足自身的多方面发展需要。作为新时代的学习主体，我们要顺应网络时代思想政治教育发展的趋势，不断提升自己的学习能力，掌握各种网络技术手段，积极参与到网络思想政治教育过程之中，高效利用网络平台来丰富知识、增长见闻，从而不断提升自身的思想觉悟和道德水平。

推荐阅读书目：

1.左殿升：《大学生网络思想政治教育研究》，人民出版社，2019年。

2.丁科:《网络思想政治教育主体间性研究》,四川大学出版社,2017年。

3.教育部思想政治工作司组编:《大学生网络思想政治教育》,高等教育出版社,2011年。

4.徐建军:《大学生网络思想政治教育理论与方法》,人民出版社,2010年。

5.黄明伟:《大学生网络思想政治教育实施要素研究》,新华出版社,2007年。

第七讲　微博对大学生思想政治教育的影响和对策

伴随着互联网技术的发展和通信技术的进步，利用自媒体技术对大学生思想政治教育进行创新成为一项重要课题。微博在现代各领域应用广泛，使用人数众多，深刻影响着社会生活的方方面面。利用微博对大学生进行思想政治教育，既是提升大学生思想政治教育工作质量的一个创新之法，也是符合现代发展要求、加强大学生思想政治教育的一个重要途径。通过研究微博的相关特性，了解微博对于大学生思想政治教育可能产生的影响，从而提出相应的对策，以促进大学生思想政治教育的发展。

一、微博与思想政治教育相关概念界定与理论分析

微博已成为当下大学生人际沟通和信息传递的重要工具，并给大学生的日常行为、生活方式、价值观念等带来广泛的影响。作为快捷方便的传播交流平台，运用微博开展大学生思想政治教育工作有诸多优势。思想政治教育工作者应主动研究和运用这一新媒体平台，提升大学生思想政治教育的实

效性。

(一)微博及其特点

微博是指一种基于用户关系信息分享、传播以及获取的通过关注机制分享简短实时信息的广播式的社交媒体、网络平台。微博允许用户通过电脑、手机等多种移动终端接入,以文字、图片、视频等多媒体形式,实现信息的即时分享、传播互动。

微博自诞生以来,就呈现出内容碎片化、主体大众化、传播速度快等特点。除此之外,随着时代的发展,微博进而又呈现出更多更加细致的特点:

其一,主体大众化。微博的主体体现出大众化、草根化特点。微博在很大程度上降低了使用的门槛,无论是社会名人,还是普通民众,人人都可以通过微博发送消息、传递信息,从而发出自己的声音。只要拥有互联网,人们便可以通过微博发布信息、与朋友沟通。这些交流内容并没有硬性要求,一词一句都可以成为微博内容,便于人们在社会上发出自己的声音。

其二,传播速度快。只要有互联网,一条微博就能够快速传遍天下,由此足以看出微博的传播范围之广,传播速度之快。微博用户可以通过手机、电脑、平板等设备发布身边的消息,也可以快速接收社会、国家乃至国际上的重大消息。在收发消息的同时,微博用户可以通过在原微博下发表自己的评论以及带话题发表微博内容来表达自己的观点,与其他人进行互动交流。近几年,随着微博平台的不断更新,人们还可以建立群组、实时热聊,和众多拥有同一爱好的网友共同交流、共同进步。

其三,分区明显。调查显示,大学生在关注博主、浏览微博内容时,会着重关注某些方面。大学生对社会新闻类博主以及明星、时尚娱乐类博主关注得比较多,相对应的,他们在浏览微博内容时,也会着重关注一些时政新闻、娱乐八卦、明星偶像之类的内容。针对此,微博也有了明确的区分,在微博发现一页中,可以看到有娱乐、视频、体育、游戏等大分区,在其中的发现一栏中,可以看到,针对不同的关键词,明确划分出了美食、教育、母婴、音乐等各个不同的小分区,微博网友可以进入各个小分区中,观看浏览自己感兴趣的话题,发表自己的看法,从而节省自己的时间,方便与别人的交流分享。另外,　超话社区的诞生让关注同一话题的微博网友可以在一个固定的圈子里持续交流讨论。超话社区诞生于 2015 年,原是明星鹿晗刚回国,他的粉丝率先为他而建,后来超话社区逐渐完善,成为许多明星大 V 的主阵地,众多高校、博主也相继建立自己的超话社区,成为网友交流的主阵地。超话不同于前面所说的普通微博话题,普通话题用户在搜索之后就可以发布动态、表达观点等,但是超级话题社区有着严格的规则与约束,它更像是一种筛选,将不是真正热爱某一事物或者明星的人给排除掉,　以此来保证这个社交圈子的和谐。

其四,实时热聊。近几年以来微博开启实时热聊分区。在之前对于微博的研究中,人们之间的交流主要是通过一个人首先发布一条微博,然后其他人在此条微博下评论,彼此交流分享观点,虽然有互动性,但是延时性比较强,不能够实时进行。而如今的微博除了这一功能外,还增加了实时热聊的功能,使微博网友可以像在 QQ 群、微信群一样进行实时交流,与全国网友一起分享观点、发表看法,让彼此的思想碰撞,更好地交流。

(二)微博时代的思想政治教育

利用微博开展思想政治教育的必要性。《思想政治教育学原理(第二版)》中表明,我国各领域、各单位的思想政治教育,已经形成党委统一领导、党政共同负责、党政工团齐抓共管,以专兼职政工干部队伍为骨干、以人民群众广泛参与为特色的大教育格局。[①]思想政治教育要面向社会各界,进入

---

① 本书编写组:《思想政治教育学原理(第二版)》,高等教育出版社,2018 年,第 326~330 页。

各种社会群体和各个年龄段的人群，日常生活中更能反映人们的思想政治教育状况，教师、学生以及家庭和社会成员均是思想政治教育的主体，要在细微之处进行思想政治教育。

正所谓人在哪里，思想政治教育的阵地就在哪里，大学生普遍使用微博，这就要求我们必须通过微博来开展对大学生的思想政治教育。传统的思想政治教育最重要的是在学校利用课堂和活动进行，根据调查研究，通过课堂教育了解思想政治教育的占比达到了近80%。但是课堂的教育方式有一定的弊端，在课堂上，教师讲解的知识点与范围都比较小，而且由于局限于课堂这种教育模式，导致学生对于思想政治教育的内容并没有很大的感触，在回答老师的问题时，大多也是敷衍了事，并没有真正地进行思考，并且时间的局限性和场所的封闭性并不能使学生产生情感的共鸣。虽然在学校开展思想政治教育的课程和活动还有主题活动、正式会议等，但这些活动形式比较单一，内容也比较固定，且往往通过宏观的思想政治主题进行切入，题目较宽泛，远离生活，不利于学生与生活实际相联系。通过微博，我们可以以小见大的方式，从生活事件切入，引起学生的兴趣，从而使学生产生思想和观念上的碰撞；而将思想政治教育融入具体的生活事件中，可以通过一定的引导，完善学生的人格，提高学生的思想政治素养。另外，在微博中，能够以事实型的话题进行发问，从而有针对性地以理论为先导，引导学生对于理论的学习，进而加强对理论的宣传力度。这些都说明可以利用微博对大学生进行思想政治教育。

利用微博开展思想政治教育的可行性。微博作为信息时代兴起的重要工具，具有其自身的特点。高校的思想政治教育之所以能通过微博来进行，就是因为微博的互动性可以使思想政治教育更加人性化。教师可以专门创建一个超话，或者建立一个话题、群组，通过发布教育话题和信息，结合社会新闻，引起学生的共鸣，回答学生提出的疑问，而且通过专业的教师解答，也能够增加学生对于思想政治教育内容的印象，加深学生对于所学理论和知识的理解。在微博时代，有近90%的大学生使用微博，近80%的大学生使用时间超过一年以上，并且在他们中间更是超过90%的人经常使用微博，甚至是微博达人、随时在线。60%的同学在平常接受思想政治教育时已经开始利用微博、微信等方式了，网页新闻以及电视媒体等也成为大学生学习思想政治教育的重要方式。微博的使用人数基础之大，使用频率之高，决定了微博在大学生思想政治教育中具有非常重要的作用，微博已经完全可以成为一个思想政治教育的平台，成为大学生学习思想政治的载体。因此，利用微博进行思想政治教育具有非常大的可行性。

二、微博对大学生思想政治教育的影响

网络时代，信息呈现多元化趋势，思想的交流与碰撞是不可避免的。尤其是面对大学生这个思想开放、思维敏捷的年轻群体时，原有的思想政治教育方式是否需要改进，又该如何改进，是摆在每位思想政治教育工作者面前的问题。因此利用微博这种新型媒体来进行思想政治教育工作是非常重要的，也是非常有意义的。但对于大学生的思想政治教育来说，微博好似一把"双刃剑"，既有积极的影响，也有消极的影响。

（一）微博对大学生思想政治教育的积极影响

微博对于大学生的思想政治教育具有一定的积极影响。通过微博进行思想政治教育，有利于大学生提升自己的思想政治素养，完善自身的价值观，端正自己的思想态度，改善自身的行为方式，且有利于创新思想政治教育的手段，营造一个良好的教育氛围等。

创新思想政治教育手段。在传统的思想政治教育中,学校教师是教育的主体,课堂是对大学生进行思想政治教育的主要阵地,其次是课外活动。但是不论是在课堂,还是在课外活动中,最主要的就是宣扬国家的方针政策理论、党的先进思想以及课本上的知识点等,对于将这些知识点运用于现实生活中的实例却是很少涉及。而随着微博网站的快速发展,微博成为大学生广泛使用的一个平台,成为教师与大学生交流的一个有效的新渠道。通过微博人们能够实现沟通交流无障碍,而且可以通过微博的实时热搜创建话题进行交流,微博的这些特点使其受到大学生的推崇,使师生之间的交流可以不受空间的限制,从而有利于通过实例有效开展大学生的思想政治教育工作,为大学生思想政治教育提供新的平台,创新思想政治教育的手段。

营造思想政治教育氛围。在传统的思想政治教育中,主要载体是课堂。在课堂中,对于理论知识的学习主要是教师讲解、学生倾听,基本都是"灌输式"教育,课堂氛围比较枯燥,学生与教师的交流比较少。当教师提出问题时,学生思考时间比较少,回答也比较敷衍,所以学生很难产生兴趣,从而使课堂活跃起来。而利用微博对大学生进行思想政治教育,更加注重的是通过实事新闻加强学生之间、师生之间的沟通交流,从而营造思想政治教育比较活跃的气氛,促进大学生的思考。

扩大思想政治教育主体。在传统的思想政治教育中,教师是教育的主体,教师与学生之间的思想碰撞并不激烈,教育主体比较单一。但是利用微博开展思想政治教育,教育主体就可以不仅仅局限于教师。在利用微博对大学生进行思想政治教育时,可以通过与其他网友的交流碰撞从而获得思想的火花。同时,对待党的最新理论成果,国家政府有关部门对于这一部分内容会直接表述,从而对大学生进行思想政治教育。

提高思想政治教育时效性。微博作为一个能够快速获取外部信息的传播媒介,其交流体现出即时性的特点。微博用户可以通过手机、电脑、平板等设备发布身边的消息,也可以快速接收社会、国家乃至国际上的重大消息。在收发消息的同时,微博用户可以通过在原微博下发表自己的评论以及带话题发表微博内容来表达自己的观点,与其他人进行互动交流,甚至在实时热聊中,可以直接与其他人进行交流,具有较强的时效性。这种时效性用于大学生思想政治教育,收到的效果亦是如此,有利于提高思想政治教育的时效性。

(二)微博对大学生思想政治教育的消极影响

微博对于大学生的思想政治教育是一把"双刃剑",既有积极的一面,也有消极的一面。微博的使用主体文化水平不一,认知存在差异,而且由于网络信息来源复杂,真假消息难以辨别,容易出现信息失真,这就导致教师引导难度加剧。同时由于部分大学生自制力比较差,所以容易沉溺于微博,成为"微博控"。

使用主体复杂,加剧思想引导难度。微博在很大程度上降低了人们使用的门槛,只要拥有互联网,人们便可以通过微博发布信息、发表观点。而这也就使得微博主体比较复杂,微博成员鱼龙混杂,信息繁多。许多人为了流量肆意造谣、诽谤、人身攻击,甚至歪曲历史,导致微博上历史虚无主义横行,虚假爱国主义与民族主义膨胀,大学生接触这些信息,思想容易受到侵蚀,教师对其的引导难度就被加大了。

信息多样,易引发学生认知偏差。微博的主体体现出大众化、草根化特点,无论是社会名人,还是普通民众,人人都可以通过微博发送消息、传递信息,发出自己的声音。这也就导致了微博的信息来源复杂、真假难辨、内容良莠不齐。大学生三观尚未完全形成,面对如此复杂的信息很难分辨是非对错,导致他们难以获得正确的认知,从而加重大学生的正确认识形成的难度,容易引起学生的认知偏差。

易使大学生过度沉溺微博,成为"微博控"。目前,互联网络高速发展,大学生几乎人手一部手机,很多大学生随时随地都在刷微博、关注他人动态,甚至在走路、吃饭时都有人在刷微博。刷微博已经占用了大学生相当多的时间,从而导致其读书时间大大减少。根据 2021 年 3 月新浪微博公布的《2020 新浪微博用户发展报告》可以看出,微博用户中"90 后""00 后"对于热点的关注主要在影视剧及游戏领域,有"泛娱乐化"特征,当代大学生主体为"90 后""00 后",通过他们对于微博热点的关注点,可以看出当代大学生使用微博主要在娱乐方面,且表现出沉溺微博的情况。

三、微博应用于大学生思想政治教育的对策

微博的出现对大学生思想政治教育来说是一把"双刃剑",既有有利的一面,也有不利的一面。我们现在应该充分把握微博带来的机遇,利用其有利的一面, 对大学生进行思想政治教育;同时应该抵御微博带来的负面影响,防止其有害的一面的侵蚀。利用微博对大学生进行思想政治教育,不应该仅仅是一方的责任,而应该是多方共同努力的结果。不仅需要学生个人提高自我教育的能力,学校也应该紧跟学生动态,加强管理,国家及社会有关部门、企业也应该加强治理与引导、完善保障体系,从而推动利用微博开展大学生思想政治教育的进程。

(一)国家层面,加强对微博使用的治理

微博作为一个开放的平台,信息鱼龙混杂,这就要求相关部门必须加强监管。微博运营商应该承担微博管理的大部分责任,如在实名认证、监督管控等方面完善微博管理体系。国家应该推动相关的法律法规建设,加强思想引导,明确网络不是法外之地,同时加强社会监察保障体系,及时遏制虚假

信息的传播和不当言论的发表，从而使微博环境得以净化，推动大学生思想政治教育的进程。

推动相关法律法规建设。微博的有效管理除了微博运营端的防控机制，还需要必要的法律建设，如果没有法律的强制管理，微博的一些言论势必会对大学生的思想产生影响，尤其是随着微博的国际化发展，国外的一些政治思想、意识形态的言论势必会对大学生的思想造成腐化的后果，不利于大学生的思想政治教育。国家推进相应的法律法规建设，对散布谣言、宣布虚假信息等用户做出相应的惩罚，以促进微博网络的净化程度，为大学生营造一个良好的氛围，从而更加便于使用微博对大学生进行思想政治教育。

加强思想引导。根据党的十九届五中全会精神，我国于 2021 年起正式进入了新发展阶段。要发展社会主义，培养社会主义建设接班人，提高大学生的思想道德修养，必须要坚持用习近平新时代中国特色社会主义思想教育人，用党的理想信念凝聚人，用社会主义核心价值观培育人，用中华民族伟大复兴历史使命激励人[①]，促进大学生的思想道德水平的提高，帮助大学生形成高尚的品质，实现对大学生思想的引导，使其成为新时代中国特色社会主义的接班人，为社会主义的发展贡献一分力量。

督促企业完善微博管理体系。①推动实名认证进程。根据问卷调查，在大学生中，实名制的同学仅占 44.97%，大部分同学都是匿名制。微博运营商应该推动微博用户的实名认证进程，保证每一位微博用户的资料完整、信息真实。大学生使用自己的真实身份登录微博，可以在一定程度上帮助大学生增强自己发言的谨慎度，理性、谨慎地对待每一次发言，也可以帮助微博及时遏制虚假信息和不当言论。②加强监督监控。微博平台作为运营管理者，应该加强对于微博用户的监督监控，如今，微博的监管力度仍然存在不足。

---

① 《中共中央关于党的百年奋斗重大成就和历史经验的决议》，《人民日报》，2021 年 11 月 17 日。

69.8%的同学认为,微博的监管力度不足,存在漏洞,许多人利用微博的监管漏洞,在网络上披着虚假的外衣传播一些不实信息,干扰视线,扰乱民心。还有一部分人认为网络是法外之地,肆意造谣,甚至引发骂战,进行人身攻击。首先,这就要求微博必须加强监控监管,利用现代科学技术,通过信息化手段对微博信息进行筛选,自动过滤敏感词,并对网上信息向正确方向进行引导。其次,微博应建立自我监察体系,当用户发布的微博内容含有色情、暴力等信息时,自动截断所发微博,告知发布者予以修改或删除。

(二)学校层面,加强对大学生使用微博的引导

加强校园微博传播平台的作用。在调查中,大部分学校都已经开通了自己的官方微博账号(以下简称官微),仅有10.74%的学生所在的学校没有开通官微,89.26%的学生所在的学校都开通了官微。由此可见,大部分学校都认识到了微博在大学生中的影响力。但是通过调查发现,学校官微所发布的内容基本都是关于学校事务的,占比达到了87.97%,关于知识、学习技能的微博占比达65.41%,关于时事新闻的微博内容占比达到63.91%,甚至关于心灵鸡汤的微博占比都能达到58.65%,但是关于思想政治教育的微博仅占了53.38%。可见,在平常的微博内容中,很多学校并没有发挥学校官微的影响力,通过微博来传递思想政治教育的知识。这也就要求各高校必须充分认识到微博在大学生中的传播力度,加强通过微博对大学生进行思想政治教育的力度,设置专门的微博思想政治教育领导小组,建立一支具有高素质的思想政治教育工作者队伍,逐步完善微博思想政治教育的短期目标与长期目标,从而制定计划,达成线下传统课堂授课与线上微博网络平台相融合的机制。

及时关注师生使用微博的思想动态。微博作为当代大学生广泛使用的软件平台,高校应该提高对其的重视程度,与时俱进,发挥出微博的优势,让

每位思想政治课教师注册微博，认真了解微博，并探索微博中的实例与思想政治理论的结合。师生利用微博开展思想政治教育时，应该注意言论的发表，学校相关管理部门要对师生的言论进行关注，及时了解其思想动态，以及他们对思想政治教育的看法，在出现问题时能够及时与其进行谈话，进行思想纠正，加以引导。

建立相关规范准则。大学生对于微博的使用不当会使大学生对微博产生依赖甚至会成为"微博控"。面对可能产生的这种情况，学校应该形成相应的管理措施，建立相关规范准则。例如，校方可以规定微博使用时限，在晚上十点半以后校方可以关闭微博的评论、点赞等功能，或者学校可以通过设立多种形式的活动，要求各社团积极开展社团活动，要求每位学生必须加入社团，从而使其能够多参加一些活动，体会现实生活的乐趣，让学生理解虽然网络世界很迷人，但现实生活才是根本。

引导学生树立正确的微博观。微博的各种诱惑会使很多心智不坚定的大学生成为"微博控"，而为避免"微博控"的出现，就要求大学生必须形成正确的微博观。高校的思想政治教育工作者及有关的校方人员，可以通过开设课程、举办讲座、大学生演讲竞赛等方式对大学生进行科普，使其形成对于微博的正确认识，意识到微博对于大学生来说只是一个学习的工具，而非"控制"人的虚拟武器，从而增强其利用微博的效率，使微博真正成为一个大学生开阔眼界、沟通交流的工具，避免沉溺于微博带来的各种消极影响。

（三）个体层面，提高大学生自我教育能力

由于网络的虚拟性、自由性等特点，有效控制网络"低俗、媚俗和庸俗"之风实属不易，仅靠现实的法律、制度等外在的他律难以适应网络虚拟社会的发展要求。网民将外在的约束内化为自觉的行为，则是抵制网络低俗，弘扬网络高雅,建设网络先进文化的必由之路。①苏联著名教育家苏霍姆林斯基说过:"在对个人的教育中,自我教育则是起主导作用的方法之一。"②利用微博开展思想政治教育必须要提高大学生自我教育能力。

正确使用微博。要提高大学生利用微博进行思想政治教育的能力,首先要正确使用微博工具。问卷调查显示,大学生登录微博,87.92%是在浏览关注的人的动态情况和观点,53.69%是在记录自己的生活状态和心情,除此之外,大部分人在微博上主要是分享信息,满足自己的兴趣爱好,将微博应用于思想政治教育的人占比很少。根据2021年3月新浪微博公布的《2020新浪微博用户发展报告》可以看出,微博用户中"90后""00后"对于热点的关注主要在影视剧及游戏领域,有"泛娱乐化"特征。因此要提高大学生利用微博进行思想政治教育的能力,需要引导大学生正确使用微博工具,将微博实事与思想政治理论相结合,巩固所学知识与提高思想政治理论素养。

提高辨别意识。要提高辨别意识,需要大学生树立正确的世界观、人生观、价值观,坚持中国特色社会主义核心价值体系和社会主义核心价值观,学习中国特色社会主义文化。大学生正处于三观形成的关键期,既需要教师、家长的正确引导,也需要学生自己在课外时间多读一些红色刊物、健康书籍,接受先进文化的熏陶,树立积极健康的人生目标,用科学的理论武装头脑、指导实践,从而提高辨别信息的能力,促进大学生正确的世界观、人生观、价值观的形成。

自觉避免沉迷。当代大学生时间上较为宽松,除了学习时间之外其余时间皆可自由支配,而微博内容丰富,更是集知识与娱乐于一体,这对正处于自由时期的大学生具有强烈的吸引力,更是容易使其沉溺于微博。要避免大学生成为"微博控",就要求大学生要学会自觉避免沉迷,进行自我调节。大

---

① 王中军、曾长秋:《网络先进文化建设与网民自律意识培育》,《中州学刊》,2010年第6期。

② [苏]B.A.苏霍姆林斯基:《给教师的一百条建议》,天津人民出版社,1981年,第261~269页。

学生可以在课外时间积极参加各种社团、学校活动,以及各个级别的社会实践活动等,这既有利于丰富大学生的人际关系,也有利于大学生提高自己的社交能力、科研能力等,同时丰富了课余时间,减少了大学生沉溺于微博的风险。

推荐阅读书目:

1.崔莹、张爱军:《微博舆论导向研究》,天津人民出版社,2019年。
2.刘彤、于宁:《微·博》,重庆大学出版社,2014年。

第八讲　大学生社团在大学生思想政治教育中的作用

新时期大学生社团呈现出更加多样的形式及特点，已成为高校推进思想政治教育工作的重要抓手。本讲从四个方面展开：首先，对大学生社团的核心概念进行界定并对基本理论进行梳理，包括大学生社团的含义、发展历程、分类、特点及对思想政治教育的重要意义；其次，阐述大学生社团在思想政治教育中的应有功能，包括巩固思想政治教育内容、扩展思想政治教育主渠道、丰富思想政治教育载体、增强思想政治教育效果等；再次，在国内学者已有研究的基础上，通过深入学生社团观察记录重要信息并发放问卷等方式，对学生社团的思想政治教育功能发挥现状进行调查，包括其积极作用、存在的问题及问题原因分析等；最后，从学校、学生自身、社团建设、机制建设等方面有针对性地提出社团建设改进措施，为使思想政治教育与高校社团充分融合、发挥社团教育功能、推动高校学生社团发展及强化思想政治教育工作开展效果提供理论支持和参考。

一、大学生社团核心概念界定及基本理论梳理

大学生社团是高等学校学生中有相同兴趣、爱好者自愿结成的课外活动组织,一般不受年级、系科限制,内容涉及各个领域,活动方式多样,其机构设置、领导成员由参加者民主推举产生。通过对大学生社团的相关核心概念进行探索和界定,可以为后续研究的开展奠定基础。

(一)大学生社团的含义、发展历程及分类

对于大学生社团的定义,国内学者的阐述大同小异,仅存在细微的差别,中共教育部党组和共青团中央也印发了相关文件对其进行界定。大学生社团从 19 世纪末 20 世纪初发展至今,已有百余年历史,分类多样,种类齐全。

1.大学生社团含义及发展历程

大学生社团的含义。社团又称社会团体,即基于社团成员和政府职能的需要,由具有某些共同特征或相同爱好的人员组成的社会组织,有官办、民办、半官办、学办之分。中共教育部党组、共青团中央 2020 年印发的《高校学生社团建设管理办法》第一章第二条规定:"高校学生社团是落实立德树人根本任务、推进素质教育的重要载体,是高校学生根据成长成才需要,结合自身兴趣特长,在高校党委的领导和团委的指导下开展活动的群众性学生团体。"它迎合了大学生实现自我发展和高校管理运行的需要,既是大学生展示自我、交往交流、思维碰撞的平台,也是学校开展教育的重要抓手。

大学生社团的发展历程。我国高校社团的发源地是 1896 年建校的南洋公学(今上海交通大学)和 1898 年建校的京师大学堂(今北京大学)。但从严格意义上讲,我国第一个高校社团是 1904 年于京师大学堂成立的抗俄铁血

会,在当时黑暗动荡的社会背景下,爱国青年学生聚集起来以反抗日俄进攻我国东北地区的侵略战争,距今已有百余年的历史。1919—1949年,我国高校社团进入动荡发展阶段。多种思潮相继出现,社团和政党一时间如雨后春笋般迅速建立,尤其是中国共产主义青年团和中国共产党的先后成立,各高校的学生组织纷纷涌现,高校社团得以蓬勃发展,但国民党曾对部分学生团体进行镇压。总的来说,在这30年间,我国的高校社团呈现曲折发展的趋势。1949—1975年,社会主要矛盾转化,中国共产党执政后对学生社团进行了整顿,再加上"文化大革命"期间内乱严重,高校社团进入停滞萎缩阶段。1976年至今,随着改革开放不断深入,高校社团再次兴起,尤其是1990年后,国家越来越重视高校学生的素质教育培养,加大了投入和支持力度,使得其进入了恢复繁荣阶段。不仅如此,学生社团的类型和活动形式在此期间得到了丰富和发展,质量和水平也得到明显提高。

2.大学生社团的基本职能

大学生社团要在学校学院的领导下,遵守宪法法律及学校的规章制度,以不影响学校教学秩序和学生正常学习生活为前提,积极开展社团活动,并以自觉自愿为原则鼓励学生踊跃参与,活跃学生的学习氛围,丰富学生校园生活,增强学生社交和组织能力,为学生交流思想、增进友谊、展示自我、尽早适应社会提供平台,促进学生德智体美劳全面发展。《高校学生社团建设管理办法》第一章第三条规定:"高校学生社团的基本任务是:以习近平新时代中国特色社会主义思想为指导,团结凝聚广大青年学生,坚持思想性、知识性、艺术性、多样性相统一的原则,积极开展方向正确、健康向上、格调高雅、形式多样的社团活动,丰富课余生活,繁荣校园文化,促进青年学生德智体美劳全面发展。"

3.大学生社团的分类

《高校学生社团建设管理办法》第一章第二条规定:"高校学生社团一般

分为思想政治类、学术科技类、创新创业类、文化体育类、志愿公益类、自律互助类及其他类等。"具体如下：

思想政治类。此类社团通过组织学生及时学习党的理论、指导思想、工作路线、各项重要政策等，并积极讨论，交流心得，以提高学生思维能力和辨别能力，是高校传播中央的各种重要思想和政治理论知识必不可少的一类社团。如"邓研""习研"社团，定期组织成员集中学习邓小平和习近平的重要思想，并撰写心得感悟，交流学习体会，旨在培养学生良好的思想道德修养和正确的政治观，引导广大青年学生关注把握舆论热点和实践焦点，学习红色文化，培养大学生实事求是的学习态度和一心向党的政治素养，并能为青年学生创立一个全面提高思想政治素质的新渠道和新平台，同时致力于促进成员个人成长，开阔学生视野，推动良好的校风校纪的形成。

学术科技类。此类社团以让有同样兴趣的人在一起互相交流学习为宗旨，大力推广专业应用知识，意在调动学生主动性，挖掘学生潜力，培养学生的科研能力，同时会定期举办专业门类的讲座或交流会，补充其他专业领域的知识，在拓宽学生眼界、丰富学生知识储备等方面发挥重要作用。

创新创业类。习近平总书记指出："创新是引领发展的第一动力。"①培养大学生创新意识的社团同样十分重要。此类社团对成员的要求较高，并需要专业老师的指导和充足的资金投入，所开展的活动以举办创新类比赛和创业交流培训为主，主要培养学生实践操作、创新发明的能力，对大学生今后的竞赛和就业都有很大帮助。

文化体育类。此类社团成员普遍具有共同的兴趣爱好和特长，种类多样，活动形式也更为丰富灵活，文学社、摄影社、舞蹈社、合唱社、围棋社、古筝古琴社等各种类型应接不暇，或者举办体育竞技活动，篮球社、乒乓球社、

---

① 习近平：《决胜全面建成小康社会　夺取新时代中国特色社会主义伟大胜利——在中国共产党第十九次全国代表大会上的报告》，《理论学习》，2017年第12期。

跆拳道社等。此类社团充分丰富了社团成员的精神生活,既能培养学生兴趣特长,又能提高学生思想道德修养,促进学生正确价值观的形成,同时锻炼学生的体能,充分响应国家建设"体育强国""健康中国"的号召,在体育竞技中培养学生竞争上进、团结合作的精神。

志愿公益类。此类社团主要举办志愿服务活动,以无偿或自愿参与的形式走出学校、走进社会,在奉献中实现自己的人生价值。如自愿为当地的中小学学生护学、开展公益课堂和爱心献血等活动,在志愿活动中培养学生奉献社会、勇于担当的优良品质,提高学生的社会责任感和历史使命感。

自律互助类。此类社团以独立、平等、互相尊重为原则,传播心理知识,团结广大对心理学知识感兴趣的学生,共同讨论和学习心理学,协助校内心理咨询中心展开心理健康教育,以引起大学生对心理健康的重视。同时组织社团内部成员开展大学生心理健康专题学习与研究,并与其他心理学组织进行学术交流。自律互助类社团通过倡导积极向上的健康观,呼吁大学生培养健康心理,促进全面发展。

(二)大学生社团的基本特点

大学生社团作为大学生自发组成的学生群众组织,具有很多鲜明的特征:

其一,组成成员的广泛性。大学生社团作为学生群体组织,除了社团成员需具有共同爱好特长的条件,对于其他方面并没有过多要求,即不论何种专业、何种民族、成绩好坏、能力强弱,只要兴趣相投,都可以加入其中。以某高校的社团为例开展问卷调研,所有类型的社团都包含了各年级、各专业的学生。以兴趣爱好为唯一纽带,成员加入社团的门槛低,这就导致成员性格各异、关系复杂,这也是学生社团被视为社会缩影的原因。

其二,举办活动的自发性。学生社团的建立和运行基础是成员的自我意愿,所举办的活动本身不具有强制性,是由社团干部采纳社团成员的建议或沿袭以往社团固有活动形式来确定活动形式及流程，成员是否参加活动完全靠自主自愿，这使社团成员能够更合理地分配知识学习和兴趣爱好的时间和精力投入。当前，大部分学生社团都制定了内部运行和管理的规章制度，充分实现自我管理、自我教育，保证了社团的有效运行。

其三，集体活动的凝聚性。社团成员来自本校，学习环境相同，年龄差距较小，兴趣爱好相同，社团分类明确，有各自的发展方向和活动范围，因此社团成员在共同兴趣的驱使下，存在诸多共鸣，不易产生矛盾，积极实现预期目标，开展集体活动的凝聚性和向心力得以提高，增强了社团的影响力，优化了活动效果，有效保障了社团活动的顺利开展。

其四，活动类型的多元性。学生社团的类型丰富多样，使得社团活动的类型灵活多元。由于参加活动具有非强制性，各社团在举办各自活跃范围内的活动之余，还会举办其他活动以吸引更多成员加入，包括学术、艺术、科技等各个领域，成员可根据自身时间安排和兴趣爱好自愿选择，有效提高了社团的吸引力和竞争力，也能够实现社团之间资源共享、优势互补，有效加强自身建设。

(三)大学生社团对思想政治教育的意义

大学生社团作为高校开展教育的重要抓手，对于思想政治教育工作开展具有重要意义，既是第一课堂的补充，又有利于加强校园的文化建设。

从学校角度来看，学生社团作为教育的重要载体，比思想政治教育理论课更加生动有趣。作为对思想政治理论课的延伸，高校社团凭借其灵活的形式和丰富的内容在一定程度上弥补了第一课堂内容枯燥、形式单调的缺陷，充分适应了当代大学生思想政治知识学习的特点，并通过自觉自愿参与社团活动，让学生能够以更生动的形式接受思想政治教育，实现此类非正式的学习方式与思想政治理论课优势互补，协助高校了解在校学生的思想觉悟和道德水平,提高教育工作的开展效率。

从社团角度来看,大学生社团在开展思想政治教育过程中受到资金和管理的支持,有利于加强社团自身建设,使自身得到思想政治教育方面的设施配备和条件优化,更好地配合学校的教育工作。

从学生角度来看,作为校园文化的重要组成部分,类型丰富的高校社团对于形成健康的文化氛围、培养学生健康心理、促进校园文化发展发挥着重要作用,有利于学生提高自身思想道德修养,发展自身兴趣爱好,减少心理问题的出现。学生在参与社团活动中促进自身个性社会化、角色社会化,以亲身经历深化对社会的认知,在与社团成员的相处中增强社交能力,为就业积累经验。

二、大学生社团在大学生思想政治教育中的应有作用

大学生社团在思想政治教育中应发挥其应有功能,辅助高校教育工作的开展和推进,引导大学生形成正确的世界观、人生观和价值观,增强理论知识的趣味性,使学生更高效地接受思想政治教育。

(一)巩固大学生思想政治教育内容

世界观、人生观教育。世界观是人们对世界的总的看法和根本观点,决定了人们观察问题、解决问题的基本立场,并决定着人生观的基本方向,因此对世界观和人生观的教育是学生社团开展活动最基本的切入点。在社团的日常活动中,应自觉渗透马克思主义教育,解放思想、实事求是,立足于自身实际,树立正确的人生态度,使成员在参加社团活动中奉献社会、实现人生价值。

政治观教育。政治观是人们政治立场和政治观点的总称,其最高标准是

认同马克思主义的基本观点。不仅理论知识类社团要以此为基本工作,其他类型的社团也要开展必要的政治观教育活动,尤其是党的基本路线教育、时政热点讲解及爱国主义教育,使学生熟知党的路线方针政策,了解社会发展形势,在学习知识的过程中增强认同感和归属感。

道德观教育。道德观是指个人处理与他人、集体和社会关系的准则。高校社团是大学生接触社会的第一步,在此期间树立正确的道德观尤为重要,因此学生社团不管属于何种类型,都要侧重于培养学生的集体主义精神,教会学生正确处理个人事务与社团工作的关系,并在参与社会实践中形成乐于奉献、诚实守信的良好品质。

(二)扩展大学生思想政治教育渠道

打破班级和年级限制,开辟新阵地。大学生社团对于高校开展教育工作可以起到一定程度的辅助作用,是高校开展思想政治教育的重要抓手。传统的班级和年级管理存在学生人数和活动时间的限制,而高校社团凭借准入门槛低、活动形式灵活多样的特点可以打破班级和年级的局限性,延伸思想政治教育的渠道,为学生提供展示自我、观察社会、提升道德修养的机会,以集体参与的形式增强学生思想政治理论学习的积极性和主动性。

延伸第一课堂,深化思想政治教育。在思想政治理论课之外,大学生社团成为高校第二课堂的重要组成部分[1],是开展思想政治教育工作的重要场所。形式丰富的社团活动,扩大了思想政治理论知识的传播范围,有限的思想政治理论课堂教学在高校社团中得以延伸,学生学习理论知识变被动为主动,缓解了高校思想政治理论课的压力,让学生在亲身实践的基础上更到位地理解思想政治理论,深化了思想政治教育。

---

① 胡颖蔓:《高校学生社团育人创新研究》,《学校党建与思想教育》,2021 年第 12 期。

(三)丰富大学生思想政治教育载体

丰富文化载体。高校社团拥有各自的活动范围和成员构成,社团成员具有共同的兴趣爱好,因此在社团活动开展和社团运行过程中形成了独特的社团文化,并凭借这种独特的文化对学生产生了较强的吸引力。思想政治教育者把思想政治教育理论知识融入社团日常运作中,可以弥补传统授课强制灌输和内容单调的不足,对大学生进行潜移默化的影响,既丰富了思想政治教育的文化载体,又加强了高校的校园文化建设。

丰富活动载体。学生社团作为思想政治教育主渠道的延伸和补充,起到提升学生思想道德修养和充实大学生课余生活的重要作用。社团活动形式多样,规则灵活,尊重学生意愿,相比于学校、学院组织的强制性活动更能激发学生的主动性。开展社团活动,诸如思想政治教育知识有奖问答、思想政治教育情景剧比赛等,让学生在思想政治理论课之外也能接受到思想政治理论知识并通过新颖有趣的形式加深印象,增强学生的知识运用能力,充分实现寓教于乐。

丰富管理载体。随着教育体制改革不断推进,传统的授课和管理模式已经有所改变,同一个社团会有不同学院、不同专业、不同年级的学生加入,成为独立于学院和课堂的新型的管理模式。在社团中,成员基于爱好自觉自愿参与社团活动,社团可以把思想政治教育内容与社团的管理方法相结合,从而规范成员的行为,提高学生的学习积极性和道德素质,同时又能加强社团自身建设。

(四)增强大学生思想政治教育效果

增强思想政治教育针对性。传统的思想政治课难以摆脱内容枯燥、形式单一的弊端,灌输性的教育很难让学生真正理解并虚心接受。此外,随着大学生数量的逐渐增多,高校辅导员的数量并未出现太大变化,辅导员的辅导压力逐渐增大,工作效率受到影响。在大学生社团中,指导老师和学生干部可以根据不同年级的不同需求做出有针对性的反馈,通过类型丰富的社团活动增进新生的友谊、增强大二大三学生的集体意识合作精神、解决毕业生的升学和就业困惑,目标明确地解决不同群体的不同问题。

增强思想政治教育实效性。高校社团活动的参与主要靠社团成员的兴趣和自觉,且活动场所并不局限于课堂和校园内,这就使得大学生社团的思想政治教育功能发挥具有开放性的优势。学生积极参与社团活动,既能丰富校园生活,又能调动学习思想政治相关知识的热情,实践能力和综合素质都能有所提升,这对于优化思想政治教育效果起着重要作用。[①]

三、大学生社团在大学生思想政治教育中作用发挥的状态分析

通过问卷调查和深入社团的了解,对于高校社团的思想政治教育作用发挥现状有了一定程度的掌握,其在推进教育工作开展过程中发挥了积极作用,但部分高校社团仍存在活动形式和运行机制等方面的问题。

(一)大学生社团在推进大学生思想政治教育中的积极作用

培养大学生良好的思想道德素质。思想道德修养在一个人成长过程中起着重要作用,是思想道德水平和自我约束力的体现。大学生社团需在学校学院的领导和管理范围内运行,承担着辅助学校开展教育工作的任务。思想政治教育者在社团管理和运行过程中融入思想道德教育,学生通过自觉参与社团活动主动接受思想政治教育,增强集体意识和整体观念,在团队工作

---

① 陈荟洁:《基于学生社团的高校思想政治教育模式的实践与探索》,《吉首大学学报》(社会科学版),2017 年第 S2 期。

中学会竞争上进、加强合作,同时通过遵守社团规章,自觉约束自我、服从集体,形成良好的道德品质。

将思想政治教育融入学生的学习和生活。课堂学习难以避免枯燥乏味,但课堂之外的学习机会又很有限。大学生社团在举办活动时贯穿思想政治教育理论的内容,可以让社团成员在充实精神生活的同时接受思想政治教育,在生活环境中接受思想政治理论的熏陶,并在生活中以这种生动的形式贯彻下去,提升政治素养,真正做到有序参与社会的政治生活。

通过丰富的活动类型给大学生思想政治教育提供更多机会。学生接受思想政治教育的"第一课堂"是思想政治理论课,除此之外,学生接触思想政治理论知识的渠道很有限。作为学校开展教育工作的重要抓手,大学生社团类型多样,社团活动也丰富多元。社团基于内部成员的兴趣爱好,合理地扩展社团活动形式,如通过文本鉴赏、知识讲座、情景剧演绎等活动,以鲜活生动的形式,在丰富学生校园生活的同时充实学生知识储备,进而更有效地开展思想政治教育工作。

上传下达,配合学校学院展开教育工作。高校社团是学校进行学生教育和管理的重要部门,在开展教育工作的过程中发挥了重要作用。高校社团可以定期收集社团成员的问题和意见并及时反映给学校、学院,方便学校、学院有针对性地开展教育工作,提升教学效率。同时,社团还可以把学校或学院的文件传达给每个学生,保证了信息和通知的有效传递,即相当于学校管理的"中转站",把学生和学校联系起来。

(二)大学生社团在促进大学生思想政治教育中的潜在问题

各社团学习的主要内容不同,难以保证接触的内容均有利于学生的发展。高校社团类型丰富,学习的侧重点和主要内容存在较大差异,某些社团还会接触到其他国家的思想和文化。以某高校为例,其校内的动漫社团受到众多大学生欢迎。在某高校开展问卷调研，发出问卷150份，收回150份，通过数据分析发现，在加入动漫社的59人中，43人表示自己并未获得学习和思想上的提升。动漫是日本的支柱产业，在人物塑造、画面特效、故事逻辑等方面实力十分强劲，在全球范围内有着数量庞大的粉丝。但同时也应该注意到，日本动漫存在洗白日本战争、替美国文化背书的历史宿命，许多"热血青年"难以明辨是非，盲目崇拜日本动漫甚至日本文化，价值观严重扭曲，这与引导大学生树立正确价值观的初衷完全相悖。

社团活动形式枯燥，缺乏吸引力。从总体来看，社团活动存在一定的形式主义风气，思想教育缺乏实质性的内容，难以真正触及学生的思想深处，使得社团活动虽然在不断开展，但其教育效果迟迟得不到提升。调查问卷数据显示，86%的学生认为自己所在社团开展思想政治教育活动形式"不丰富，只搞形式主义"。社团活动的形式过于传统，缺乏创新，仍然停留在演讲、讲座等老生常谈的形式，难以吸引社团成员自主参加，久而久之，社团成员不断减少，思想政治教育的学生基础也会动摇。

社团建设相对落后，运行机制有待完善。通过问卷调研发现，39.3%的学生表示自己的社团没有充足的场地和设备。在应试教育和功利性教育等陈旧教学理念的影响下，社团建设并未得到足够重视，社团活动所需的场地、设备等硬件条件十分有限，社团活动规模较小，难以产生校园影响力。再加上资金上未能得到充分支持，社团建设在很大程度上受到限制，甚至日常的活动都难以维持，种种不利因素影响下，社团的管理、运行和建设积累了许多问题，严重影响了社团教育职能的发挥。

缺少专业指导人员，举办活动时理论与实践相脱离。《高校学生社团建设管理办法》第三章第十四条规定："配强学生社团指导教师，形成齐抓共管的协调联动长效机制。"但此次问卷调研发现，71.3%的学生表示自己所参加的社团并未配备专业指导老师，仅通过学长学姐进行组织和教学。高校社团运行和管理的灵活性较强,种类繁多,加上高校教师教学任务繁重,很难进行一对一或负责人制的专业指导,仅靠学生有限的知识经验以及并不专业的商讨和自我管理,社团的定位和运作规划难以得到确定,致使大部分高校社团在开展活动时陷入形式主义的混乱,思想政治教育理论与实践相脱离。思想教育的熏陶和渗透力度不足,在很大程度上影响了思想政治教育的效果。

(三)大学生社团在大学生思想政治教育中存在潜在问题的原因

学校重视程度不足,政策实施力度不够。当前很多高校仍然存在功利性教学的现象,把提高学生的就业率和升学率作为学校开展教育的唯一指标,忽视了学生提高综合素质和参与社会实践的需求,并未认识到学生社团在开展教育工作中的重要作用,甚至制定不合理政策限制学生社团正常活动的开展。部分高校虽然已制定一系列促进社团发展的政策,但并未贯彻实施,使相关的教育政策沦为一张白纸,这些是致使学生社团出现问题的主要原因。

社团建设及自我管理水平较低。大多数的高校社团尚未形成完善的管理和运行机制,自我定位模糊,缺乏社团建设的经验,对于社团的科学和持续发展缺乏合理规划,加之活动开展具有随意性,对于社团成员的参与率并没有强制性的要求,自我管理水平有待提高,因此学生参与社团活动时严重缺乏自主性和纪律性,这在一定程度上对于发挥学生社团的教育载体作用造成了很大的负面影响。

社团成员知识有限,容易受到非主流文化的影响。社团成员普遍为在校大学生,正处于巩固正确价值观的重要时期,但因年纪较小,所学习的知识和社会经验十分有限,认清事物、分辨黑白的能力有待提高,容易受到社会不良思想的影响,可能会出现集体意识薄弱、心理素质较弱、精神颓废等问题。这些对大学生思想道德起消极作用的非主流文化所引起的问题必须引起社会的重视,并需要得到有效解决,否则会严重影响大学生的成长,更不利于国家的长久发展。

四、促进大学生社团在大学生思想政治教育中作用发挥的路径

针对大学生社团存在的问题,从学校管理、学生自身、社团建设、机制完善等四个方面提出改善现状的途径。通过各方面共同努力,让大学生社团更好发挥其应有的作用,既充实学生的课余生活又促进学生全面发展。

(一)提升大学生社团思想政治教育管理和指导水平

巩固马克思主义指导地位,加强阵地建设。马克思主义是立党立国的根本指导思想,任何时候都不能动摇。社团建设更是如此,无论何种类型的学生社团,都要以马克思主义为指导,在对学生的价值观念和理想信念的引导方向上不容出现任何的偏差。高校社团尤其是理论学习类社团,要紧扣时代脉搏,通过形式丰富的活动积极引导学生投入到党政知识的学习和传播中,以此武装当代大学生的头脑,打造开展思想政治教育工作新阵地。

加大对学生社团建设的投入,大力支持社团工作。对于学校而言,要促使学生社团更好地发挥思政教育作用,最基础的工作就是要端正态度。高校要转变功利性教学的教育理念,把学生社团作为开展教育的重要抓手,加大对学生社团建设的资金投入和时间投入。[①]《高校学生社团建设管理办法》第六章第二十九条规定:"学校党委应鼓励学生社团健康有序发展,在经费、场地、设备、条件、制度等方面给予充分保障,按照平均每年每生不低于 20 元

---

① 王晶晶:《学生社团在大学生思想政治教育中的载体作用探究》,《智库时代》,2019 年第 18 期。

的标准设立学生社团活动专项经费,支持学生社团活动正常开展,并保证专款专用。"从硬件上,对开展社团活动所需要的场地以及设备提供支持;从软件上,把社团工作摆在更高位置,摒弃功利化教学的陈旧理念,大力支持社团工作,促使学生社团形成自己的风格和特点,提高活动的质量和水平。

提升社团指导水平,优化管理方式。学校应为不同类型的学生社团有针对性地匹配不同类型、经验丰富、责任心强的指导教师[1],并给予相应的回报和鼓励。《高校学生社团建设管理办法》第三章第十四条规定:"配强学生社团指导教师,形成齐抓共管的协调联动长效机制。"有了专业的指导老师,高校对于学生社团的管理就能进一步优化,社团发展的专业化水平能够有所提高,保证了社团定位的准确性和发展方向规划的合理性。此外,还要根据学生社团自身的条件和特点制定符合本社团发展目标的管理机制,如此,社团的运行会更加科学和长久,为更好地发挥学生社团的思想政治教育功能创造良好条件。

(二)培养大学生自我教育意识,实现全面发展

通过领导层"主席团"实现自我管理、自我教育。学生社团作为群众组织,学生干部或"主席团"是整个群体的"领袖"。学生干部在学习和生活中起着重要的模范带头作用,所以要率先达到要求,做好表率,集思广益,除开展辩论会、知识讲座、竞赛等活动外,更要积极倡导组织内容新颖的自我教育活动,如自我反省、自我批评等,发挥大学生思想政治教育的主体性作用。同时,对社团规章制度的制定自主自觉地建言献策,并及时收集社团成员的意见,形成民主科学的社团规章,以实现有效的自我管理,促进社团长久发展,更好地发挥思想政治教育作用。

---

① 余乙兵:《高校学生社团建设管理面临的挑战与对策》,《学校党建与思想教育》,2021年第2期。

合理奖惩，调动社团成员积极性。对表现优异的学生要毫不吝啬的嘉奖，如对于按时完成任务、积极参加社团活动、在比赛中获得良好成绩、对社团建设积极建言献策并被采纳的社团成员，要给予相应奖励。同时，对于犯错误的学生也不能放任不管，如无故迟到、消极工作、损害社团声誉和形象、以权谋私等一切违反规定的行为，都要进行严厉惩罚，通过通报批评让学生认识到错误并对其他学生以示警诫。通过合理奖惩，充分调动学生的学习积极性，让社团成员在趋利避害的心理作用下产生自我表现意识以及主人翁意识，规范自身行为，促进自身的全面发展。

(三)加强大学生社团文化建设,丰富教育形式

举办经典活动,使理论与实践相统一。加强社团文化建设离不开经典活动的开展。新奇的活动固然重要,文化节、专业讲座、经典诵读、知识竞赛等经典活动也是必不可少的,但形式上也需要一定程度的创新,以增强对学生的吸引力。实践出真知,要切实举办经典活动并及时总结和反馈,将思想政治教育理论和教学实践结合起来,在实践中用理论指导活动开展并根据实际情况和具体出现的问题不断完善思想政治教育理论,更好地发挥高校社团的思想政治教育功能。

重视大学生综合素质的提高,开展心理健康教育。为深化大学生思想政治教育,使高校社团更好地配合高校开展工作,需要充分发挥大学生的主体性,在要求大学生专业知识合格的基础上,加强与学生的交流和沟通,通过各社团尤其是心理健康社团开设心理教育课程、心理疏导、心理剧演出等心理健康教育活动,力争培养具有主体意识、人格独立、心理健康的时代新人,引导大学生正确审视自我、接纳自我,正确客观地看待成长过程中遇到的挫折和成就,促使学生提高综合素质,实现全方面发展。

加强创新,提高思想政治教育效率和有效性。新形势下,一味坚持陈旧

的社团发展理念已经不能满足思想政治教育工作的需要。高校社团要抓住创新这一重要理念和关键要素,探索自身发展的新思路和新趋势。每一位社团成员都要发挥自己的创新潜能,从社会热点入手,将生活中的新颖元素融入社会活动中,并在探索中不断积累经验,使开展思想政治教育活动所取得的效果有实质性的提高,提升思想政治教育的教学效率和有效性。

利用组织优势,规范和丰富社团生活。大学生社团作为学生自发形成的群体组织,是高校文化延伸的重要渠道,要充分发挥社团中的党团组织优势,以符合社团规章的合理形式积极宣传党中央的各项重要政策和工作部署,通过营造浓厚的文化氛围和多彩的社团生活,进一步调动学生的学习热情并丰富大学生的课余生活,形成凝聚思想政治教育的工作合力,有利于高校素质教育的推行和学生社团思想政治教育功能的更好发挥。

侧重社会实践,使社会实践贯穿活动始终。为减少大学生在社会化方面的问题,高校社团在开展活动时要充分重视社会实践,在专业教师的指导下,走出校园,进入社会,参与各类实践性、社会性、服务性的社会活动。例如,开展义务支教活动,利用假期或其他课余时间为乡村里的孩子们上课,带领孩子们领略乡村之外的世界,从而促进大学生自我价值的实现;开展三下乡活动,不仅促进先进文化的传播,也能让大学生体会到农民的艰辛与不易。将社会实践贯穿始终,能够有效增强学生观察生活、解决问题的能力,把学习到的思想政治教育知识有效地落实和运用到生活当中。

(四)建立和完善大学生社团的运作和反馈机制

建立和完善学生社团运作机制。社团的良好有序运行离不开科学的运作和管理机制。高校社团要设立必要的专门工作岗位,并安排一定数量的工作人员负责社团的日常服务和管理工作;建立分层管理机构,使得社团成员、学生干部、学院领导任何一层出现问题都能及时得到解决;建立相应的社团组织机构,以桥梁的角色加强学校学院与学生的联系。同时还要配备专业的指导教师,在老师的指导下强化业务指导、提升社团专业化建设,加强对学生正确价值观的培养和良好榜样的树立。

　　建立和完善学生社团反馈机制。反馈是双向的,是执行力的保障,既需要有学生干部、学校学院主动寻求反馈,又需要有社团成员的主动反馈。高校社团要以思想政治教育功能发挥的效果为重要的反馈内容,将学生的参与情况和活动开展的基本情况记录下来反馈给学校,这样有利于高校进一步了解社团的教育工作,并对于出现问题、需要改进和完善的社团进行有效整改和建设。社团成员也要及时对自身及身边出现的问题进行细节和客观的反馈,为社团更好的发展积极建言献策,贡献自己的力量。

推荐阅读书目:

　　1.朱媛媛:《高校音乐社团活动对大学生德育素质培养的作用与影响》,陕西人民出版社,2021年。

　　2.张俊霞:《大学生党建与社团建设互动机制研究》,人民日报出版社,2018年。

　　3.龙希利:《大学生社团管理机制创新与实践探索》,山东人民出版社,2014年。

　　4.马小华、郑丽波、计红:《大学生核心价值观与社团文化培育新视野》,黑龙江教育出版社,2013年。

　　5.张静:《大学生理论社团与高校马克思主义大众化研究》,南开大学出版社,2011年。

第九讲 拜金主义思潮对大学生价值观的影响和对策

　　不断涌现出的新思潮给社会造成很大的影响，其中拜金主义的影响尤为显著，对大学生思想政治教育产生了较大困扰。如何正确引领大学生认识拜金主义思潮，了解其危害性并有效预防，已成为新形势下做好大学生思想政治教育、建设社会主义精神文明的重要课题。本讲主要包括三方面内容，首先是对拜金主义思潮及相关概念阐述，其次分析拜金主义带来的消极影响及发展原因，最后根据问题分析阐明应对措施。

一、拜金主义思潮与价值观相关概述

　　研究拜金主义思潮对大学生价值观的影响，首先需要搞清拜金主义、拜金主义思潮以及价值观的概念，了解大学生价值观的特点、大学生群体中拜金主义的倾向，为后续研究奠定基础。

（一）拜金主义思潮的内涵与特点

1.拜金主义的内涵

拜金主义最开始是伴随着资本主义生产的产生而在西欧社会发展扩散起来的。14世纪末15世纪初，资本主义初露萌芽，它的发展是一个缓慢的过程。15世纪末伴随着美洲以及通往印度的航道被发现，商品经济以更大的规模和更快的速率发展。资产阶级革命逐渐以原始方法累积资本，相较于社会主义，资本主义能够快速发展的途径之一就是通过暴力的手段为自身发展提供路径。经营者摆脱生产要素，货币资本通过各种途径，能够在短期内迅速地集中到少数人中，这就是资本的原始积累。在欧洲，资本的原始积累起源于15世纪最后30年，16世纪达到高点，一直延续到19世纪。资本的原始积累一是以暴力手段夺走农户的土地资源，二是以暴力手段抢掠货币资本。事实证明，资产阶级的最初发展就是一种赤裸裸的、罪孽的抢夺。伴随着资本主义生产的建立，市场经济获得了极大程度的发展。这种背景极大地促进了和拜金思想相关的观念在人群中的宣传和推广，在经过时间的积累后，逐渐成为资本主义社会发展的重要思想。从事资本活动的企业家都希望获得更多地相对剩余价值，持续榨取工人，给工人造成的身心损害难以估量。资本家之间的市场竞争越发激烈，相互争夺资源，不断向外部扩大。

改革开放之后，我国开始发展社会主义市场经济，实行对外开放的政策，西方的一些风俗习惯传入我国，其中就包括拜金主义思想。它侵蚀广大人民的心灵，尤其对于心智尚未完全成熟的学生群体诱惑性极大、危害很深。

在市场经济中商品的交易是以货币作为载体，因此货币就成了普遍价值的代表，获得大众的认可，对于人们所期望获得的商品都可以通过金钱交易的方式来获得，给人一种拥有货币就拥有一切的错觉，人与人之间的关系也可以通过金钱表示出来,金钱就变成了人们竞相追逐的对象,成了主宰一切的最高统领,人们在不知不觉中掉入拜金主义所设下的巨大陷阱之中。拜金主义之所以能够从西方传入我国,并得到迅猛的发展,可能也与我国的部分消极的传统文化有着关联,毕竟每一个民族文化中,都有着精华和糟粕,这些落后思想也一直侵蚀着国人的价值观。

拜金主义,顾名思义就是崇拜金钱,坚持金钱至上的一种思想观点,最初源于"拜金艺术"一词。关于这个概念,学界有三种说法。马克思所讲的商品拜物教就是人们对于拜金主义的第一种认知,认为金钱万能,有金钱就可以拥有一切。第二种认为拜金主义是众多价值观中的一种,认为金钱与货币挂钩,成了人与人交往的象征。第三种认为拜金主义是生活方式,以不道德的方式来获取金钱,并成为生活的主要准则之一。本书认为拜金主义可以看作是一种思想,一种处世观点,能够用"一切向钱看"来综括。

2.拜金主义思潮的特点

学者一般用在某一段时间内、某一生活领域内,人们思想的趋势来表示思潮,是社会主体对当时社会状况的动态反映。拜金主义成为一种思潮,首先说明拜金主义对社会生活方面产生了较大的影响。不同的社会思潮的背后有着不同的利益群体进行相应的支持。拜金主义思潮是指在社会上形成一股以金钱至上、物质为先的不良风气,并对人民群众的生产生活造成极大的困扰。

拜金主义思潮至少具有以下四个方面的特点:

持久性。追求利益在古代就已存在,在春秋战国时期,就曾经记录了这么一幅场景:"熙熙攘攘,皆为利来;熙熙攘攘,皆为利往",而这,正是对拜金主义具有持久性最好的证明。新中国成立后,这些封建腐败思想并没有随着封建制度的消失而消失,而是存在于隐蔽之处。为了更好地赶上世界潮流,我国加大深化推进改革开放和社会主义市场经济的布局,在这种环境下,拜金主义思想也被越来越多的人所熟知，并被部分追逐利益而蒙蔽双眼的国人所推崇，逐渐在社会中形成了潮流。

危害性。虽然我们理性地看待每一种新鲜潮流，但是不可否认的是，拜金主义思想对我国社会和国民已经造成了不可弥补的伤害，并有愈演愈烈之倾向。拜金主义思想不仅会腐蚀个人的艰苦奋斗精神，还会造成个人信仰不坚定，加重逃避社会责任思想，久而久之形成恶性循环。甚至有人为了金钱不惜出卖自己的灵魂，不断触碰道德和法律的底线。对社会来说，一个被拜金思想笼罩的社会，容易造成社会经济政治文化方面发展的混乱，不利于正常开展生产生活。

广泛性。当前，拜金主义思想在我们的生活中是无处不在的。在政治领域，部分官员贪污腐败、中饱私囊、权钱交易，利用自己手中的权力赚取不法钱财，不为人民群众服务；部分企业贪得无厌，为了谋取更大的收益，全然不顾百姓和国家利益。

渗透性。我们日常生活中的方方面面都有着拜金主义思想的存在。从古至今，人们从出生到成人无时无刻不受到拜金主义思想的影响，个人人生观、价值观的改变，很大程度上受到了拜金主义思想的影响，并且这种影响是潜移默化的，不易察觉。拜金主义思想已经渗透到我国的各个行业，不仅包含学生，还有教师、公务人员等国家公职人员，我国各个地区都分布着这些行业，在一定程度上都受到拜金主义的影响，对中国人民的思想造成了剧烈的冲击。由此可以看出，实行改革开放带来便利的同时，我们也要不断地加强社会主义核心价值观的教育，不能放松对西方拜金主义思想的警惕意识。

(二)大学生价值观及其基本特点

"价值观"在 20 世纪时期就已被提出，后来传入中国。我国的价值观是以马克思主义为指导思想，以人民群众为中心，努力提高人民群众的生活质量和经济水平,坚持绿色低碳发展,建立一个普惠子子孙孙的美丽家园。对于每一个公民来说,热爱祖国、邻里和睦、尊老爱幼、积极向上、保护环境等都是必备的价值观的重要体现,确立正确的价值观是未来人生的指路明灯。总之,价值观就是一种处理生活的态度和方式。大学生作为一个独立团体,有着独特的价值观表现,总体上是积极向上的,但是易受外部因素的干扰。通过理解价值观的含义,得出大学生价值观是大学生自身通过实践经历而逐渐积累形成的各具特色的处理各种事物的方式和原则。

大学生群体是知识群体,有自己的思维方式,对新生事物充斥着好奇心,期盼自主创新。殊不知,大学生的身心健康发展正处在不成熟阶段,非常容易受到新理念、新意识的危害。因而大学生价值观具备与众不同的特点,关键反映在差异性、可塑性、多元性和自主性上:

第一,大学生价值观的差异性。从出生到发展,大学生的价值观都是会受到家庭环境和时代的影响。在大学生价值观的探讨中,尽管同为一个人群,但任何人成长的自然环境与生活经历是不一样的,这造成价值观存有差别。每位大学生都是独特的,在进行教育的同时,也要注意到因材施教,这样才能达到更好的教育效果,起到事半功倍的作用。

第二,大学生价值观的可塑性。可塑性就是指大学生的价值观念能被再改造的可能性和空间。"人的观念、见解,即人的意识,会伴随着人的衣食住行、人际交往关系的变化而发生变化。"在成长的过程中,大学阶段是一个与众不同的重要阶段,在全新升级的学习环境中形成了单独的生活习惯。学习环境和生活环境的变动造成了大学生价值观的一些转变,这表明了大学生价值观的可塑性。

第三,大学生价值观的多元性。近年来,伴随着商品经济的快速发展和各种各样社会思潮的传播,人们的价值分辨和思维模式受到了影响。作为当今社会的一员,大学生的价值观呈现出多样性,是具有多种利益诉求和情感表达的多元价值观念。

第四，大学生价值观的自主性。价值观具备较强的目标性和可选择性，展现了行为主体的自主性。大学生的主观意识体现了其心理需求，随后他们依据心理需求对客观现实进行判断，进而产生价值观。大学生在形成价值观的历程中，最先考虑到自身能否对社会有价值以及有多大价值，注重自我认同，强调自主意识，追求个性自由与个人价值追求，充分体现出自主性的特点。

（三）大学生拜金主义倾向的表现

在当今社会中，部分大学生具有拜金主义倾向，并且可能朝着愈加严重的趋势发展，具体表现为以下三个方面：

理想信念庸俗化。"一个人坚持从事公益事情、坚持为他人奉献、实现自身人生价值、服务社会的内在动力是社会理想和道德信仰，它使人的生活更加富有意义，而这二者又孕育于整体的社会大环境中。"[①]如果没有了理想追求的支撑，人生的价值也将无从实现。当代大学生应该具有崇高的理想追求和坚定的社会主义信仰。而在拜金主义思潮的影响下，我国原本的道德、奉献评价标准都在潜移默化地发生改变，由原本的道德是否高尚逐渐向着能够带来多少利益和好处的方向转变。这种现象极大地淡化和侵蚀着大学生的理想信仰。

三观塑造功利化。三观包括世界观、人生观和价值观。大学生与社会的接轨较少，受到社会上的思潮影响较轻，但是在拜金主义思潮的侵蚀下，大学生的三观也正向着功利化方向发展。久而久之，就导致大学生进入社会后，功利性可能会更强烈，会产生迷茫，在得不到有效的开导后，会逐渐迷失

---

① 董娅、邓力：《困惑与超越》，人民出版社，2006年，第32页。

人生方向。具体表现为:大学生学习目的的功利性、行为目的的功利性,以及人际交往关系金钱化等。

道德修养危机化。在拜金主义的影响下,一些大学生把社会"潜规则"搬入校园内,请人用餐,以钱财为理想;花钱取悦师兄,尝试以"潜规则"进校学生会。此外,大学生中的资产违法犯罪总数日益上升,如从舍友、同学和好朋友那里偷贵重的物品,这是对金钱的极度渴望和自身贪欲导致的。拜金主义严重地危害着大学生的价值观念,引发道德修养困境,影响当代大学生的心理健康。

二、拜金主义思潮对大学生价值观的消极影响及原因分析

拜金主义作为日益膨胀的不良风气,腐蚀着大学生的思想和个人行为,危害着大学生的身体健康。为了更好地了解拜金主义思潮对大学生价值观的负面影响并据此制定出相应的对策,笔者通过问卷调查的方式调查某大学大一到大四的学生,统计数据显示出部分学生深受拜金主义的侵害。此次调查问卷共发放 1200 份,回收 1131 份,其中有效回收 1086 份。据调查结果:总体来看,当今大学生的价值观是正确的,但部分大学生不能有效抵御拜金主义的引诱,甚至深陷其中。

(一)拜金主义思潮对大学生价值观的消极影响

拜金主义崇尚金钱至上,是伴随着资产阶级的产生而形成的。改革开放后在中国涌现并发展。拜金主义持续散播和扩散,对当今部分大学生的价值观造成显著的负面影响。

金钱至上的人生观。人生观是指人们对人生目的、人生道路以及生活方式的根本观点及看法。金钱至上的人生观是指以金钱的获取为最终目的的

人生目标。调查问卷显示,当被问道"您在满足日常必要开销之外,您剩余的生活费还会以何种方式进行消费?"时,65%的被调查者选择购买衣服和化妆品;71%的被调查者选择娱乐消遣支出;43%的被调查者选择购买书籍和学习用品;只有极少数的人会选择把钱存起来。这并不是说存在娱乐消遣就是拜金主义,但是如果这种倾向愈加严重,使大学生迷上纸醉金迷的生活,存有金钱至上的人生观,便有拜金主义的倾向了。在被问到"您是否认为购物时产品的品牌是否是重要的考虑因素"时,有21%的学生选择十分同意;23%的学生选择可以认同,认为名牌货好;34%认为一般,穿不穿名牌都可以,只要穿着舒服即可;只有22%的同学选择不同意。名牌产品的诱惑心理主要是受到拜金主义思潮的影响,例如正常情况下买鞋子只要舒服就好,但是一旦某些鞋子被打上标签,赋予它本来没有的意义,鞋子的目的就改变了,不是为了让你舒适,而是你想要借这双鞋子来满足自己的虚荣心。这种现象在当今社会里比比皆是,我们必须加以警惕,及时采用有效的手段来制止它。

　　贪婪庸俗的荣誉观。荣誉观是一种情感,贪婪庸俗的荣誉观会使人变得自私自利、唯利是图、损人利己。当被问道"在参与活动时,您认为实物奖赏和口头鼓励哪个更具吸引力?",43.2%的人认为实物奖赏更重要;35.3%的人认为乐在参与;21.5%的人认为鼓励比收益更好。从结果来看,部分大学生倾向于有实物的奖励方式,认为奖品比鼓励更有吸引力。不论是奖品还是口头鼓励,都是一种教育的方法,我们要把握好奖励的尺度,不能过分奖励,帮助青年在成长过程中树立正确荣誉观。

　　及时行乐的消费观。消费观是人们对于消费方式、消费行为等的总体观念和看法。当被问道"想要一个东西但目前没有足够金钱去购买时,您会怎么做?"17.5%的人选择不买;30.3%的人用网贷去买;29%的人使用分期付款购买;23.2%的人决定过一段时间再买。在被问道"您是否用过花呗、分期乐、信用卡等支付功能?",10.3%的人回答没有使用过;18.2%的人回答在有需要时会开通;33.7%的人回答开通了,不经常使用;37.8%的人回答早已开通,常常使用。拜金主义认为金钱高于一切,并主张用金钱来判断事物价值的大小。用钱来引诱大学生一步步陷入圈套,使大学生产生一种错误的消费观念,误把盲目从众追求潮流当作生活常态。在追寻时尚潮流的道路上,一部分大学生盲目消费和超前消费状况比较严重,这类扭曲的交易观念和奢华的生活习惯不但给家庭造成明显的经济压力,并且容易造成美感品味庸俗化、消费观拜物教化。

物质为先的择偶观。择偶观是指人们对于配偶选择的态度。对于"宁愿坐在豪车里哭,也不愿坐在自行车后笑"的言论,26.5%的人选择完全赞成;40.4%选择保持中立;33.1%选择不能接受。在被问道"您认为物质和幸福两者之间的关系大吗?"60%的人选择有直接关系,有钱就有一切,只有有钱,才能得到幸福,这表明绝大多数人觉得拥有经济基础,才能拥有幸福。21%的人认为一般,仅有19%的人认为没有直接关系。从以上信息可以看得出,大部分人认为自己的幸福快乐与物质有着不可分割的关系,自己的幸福取决于物质的多少。受拜金主义的影响,一些大学生认为学得好不如找一个条件好的伴侣,把家庭条件作为择偶的最终目标。这类择偶意识践踏了恋爱的社会道德,忽略了恋爱中务必执行的责任和义务,违反了爱情的初心。部分大学生把婚姻与金钱挂钩,造成择偶观扭曲。

(二)拜金主义思潮对大学生价值观产生危害的原因分析

拜金主义逐步发展并在大学生中形成较大不良影响并不是一天形成的,而是在多种因素下日积月累共同导致的。剖析拜金主义思潮在当代大学生中扩散的原因,可以为科学的防范措施研究奠定重要基础。

1.社会上不良风气的消极影响

高校是开放的,不同于中学时期的封闭管理。开放的大学可以帮助大学生更好地培养发散思维，但是也会有不良之风传到校园之中，拜金主义就在这样的情况下侵蚀大学生的思想，具体表现在以下三个层面：

市场经济发展进程中的负面影响。我国成立初期实行计划经济，在该体制下，我国对于市场经济的依赖性较小。工资制规章制度的推行使我们的贫富差距缩小，我国的经济以及人民日常生活之间的贸易往来并没有表现为商品和货币关系。实行改革开放之后，社会上的风貌发生了巨大的改变，允许发展商品经济，进行自由贸易。因为市场经济的发展趋势，人与人之间的交往逐渐体现为商品货币关系。金钱的作用增加，平等交换的观念不断增强。伴随着社会经济的迅速发展，市场经济的逐利性促使部分人产生"一切以金钱为导向性"的价值追求。金钱的多少成了部分人考量一个人是否取得成功的主要标志。总之，市场经济的发展是拜金主义思潮产生的一个关键性因素。

落后和腐朽思想的影响。新中国成立前，我国在经济发展和思想文化上含有明显的旧时代印痕。封建主义和资产阶级的腐朽思想依然腐蚀着我们的内心世界，阻碍时代的发展。我国经历了几千年的封建专制，封建主义的腐朽思想已积累了厚重的灰尘。在中国封建社会中后期，生意人只需要足够的金钱，就可以收买政府部门，得到官衔。当今大学生作为社会的一部分，在思想意识上也会遭到腐蚀。"有钱能使鬼推磨""金钱高于一切"深入人心，有的甚至变成部分大学生的人生格言。尤其是改革开放后，在引入外国优秀科学技术时，拜金之风、奢靡之风、利己主义思想也逐渐渗入我国，对中华传统文化造成了极大冲击，不断地挑战社会主义意识形态。"资本主义思想观念的实质是在物的规范下追求个人得失。资本主义腐朽思想的显著特点是拜金主义、奢华和腐坏。"[①]因为大学生的认知能力和鉴别能力未彻底完善，会遭受腐烂资本主义的影响，这也为拜金主义在大学生中的产生和扩散提供

① 杨军：《社会主义思想文化同封建主义资本主义腐朽思想文化的根本区别》，《学习月刊》，2011年第1期。

了肥沃的土壤，加剧情况恶化。

社会现实问题的影响。我国进入新时代，有很多机会在等着大学生，但是也面临着各种各样的社会问题。贫富悬殊加大，房子价格高居不下，生活成本负担增加，大学生就业压力越来越严重。这些都让大学生产生越来越大的压力。大学毕业相当于"失业"，紧接着面临找工作的压力，结婚的压力等。在这些压力下，部分大学生把挣足够多的钱作为人生的总体目标，甚至不惜走上犯罪道路。

2.大学校园文化建设的不完善

当前大学校园文化建设不完善主要体现在两个方面，一是学校对拜金主义关注度不高。在市场经济的影响下，部分大学生深陷拜金主义思潮的旋涡之中，无法自拔。二是部分教师作风不正，没有给学生树立一个好的榜样。教师的行为对学生产生的影响是巨大的。在小学到中学阶段，教师的一言一行都被学生时刻观察，学生甚至会主动地进行模仿学习。这就要求老师要有极高的道德修养。同样，在大学阶段，教师如同人生导师，如果开头就将学生引入不正之路，那未来可想而知。老师是园丁，不能因为自己的私利私情而毒害祖国的未来。因此学校要不断加强对拜金思想的关注以及规范教师的言行举止等，防止大学生价值观发生扭曲，帮助大学生以积极向上的态度对待未来人生。

3.家庭对大学生思想教育的缺失

家庭是个人发展的第一个课堂，一个人的快速发展离不了家庭的教育和塑造。一个家庭的作风在不经意间影响着一个孩子的价值判断规范。孩子是家庭的缩影。可是目前家庭生活压力普遍较大，家庭里会存在一些不好的风气，使孩子受到许多来自家庭的不良影响。

家庭经济情况的影响是最关键的要素。每个家庭经济情况不一样。有的家长工资低，乃至资金紧张，而有的很富有。一些家庭环境不太好的学生可能会有不自信的表现,会逐渐形成一种对金钱的盲目崇拜心理,产生对金钱的认知问题,滋长享乐主义价值观念,造成价值观念发生偏差。伴随着现代社会的发展,大家抛下了一些传统化的社会道德,导致家庭关系变得越来越冷淡。在这种环境下成长的孩子,通常会不自信和自卑,性格古怪,不愿意和人沟通交流,对家庭冷淡,注重金钱。在学校中,深受拜金主义影响的学生不愿进入班集体之中,利己主义思想会浓重一些,与同学关系不稳定,易受多种因素干扰。父母在外奔波,对孩子的照顾也会欠缺,他们多数讨论的是如何去挣更多的钱,这在无形之中给孩子传递"有钱能使鬼推磨"的金钱观,让孩子自小产生尊崇金钱的心理。

4.大学生内在自律意识的削弱

大学生自制能力弱,意志不坚定。个人的行为和思想极易受到周围环境的影响。大学生正处于价值观塑造的最后阶段,身体和心理正在逐渐向着成熟的方向发展,但仍然处于不稳定状态,此阶段,对事物进行判断以及甄别外界信息时,不能够正确理性的对待。尤其是现在环境受到市场经济功利化的影响,大学生进行事物判断时,往往会被周围环境影响,进而做出错误判断。同时,由于互联网的发展速度过快,虽然能够开阔在校大学生的眼界,缓解大学生枯燥无味的生活,但相应的监管制度和惩罚措施不够完善,这也给了网络上不法分子可乘之机,大学生在网上阅读、查找相应的资料时,可能就会被不知不觉的渗透错误价值观。大学生因为自身还不够成熟,在接收到这些信息后,极易被经过包装后的网上碎片化的不良思想所诱导,因此要学会从多个角度看待问题。

大学生片面追求潮流,张扬个性。社会在发展,时代在进步,大学生的生活也在发生着日新月异的变化。当代大学生是紧追时代潮流的一批大学生,他们具有明显的时代感,对事物具有自身的看法,相比较20世纪80年代的大学生,他们更喜欢标新立异,追求时髦,喜欢追求与众不同的生活。同样的,这也表现在他们的行为上面,当代大学生喜欢一切具有新鲜感的事物,具有较强的探索精神。虽然国家鼓励个人追求时尚、大胆创新,但是在实际生活中,大多数的人在该过程中迷失了自我,思想还未完全坚定的大学生更容易受到影响,使得自身的行为和思想严重偏离正轨。在大学生群体中最具有代表性的就是,错误地把追求时尚理解为是对奢侈品的追求,导致日常生活中,即使是缩衣减食,也要购买奢侈品,彰显自身的个性;过早地购买具有社会地位代表性的名牌手表、包包等,使校园里充斥着攀比之风,助长不良风气,让大学生很容易迷失正确的方向,进而深陷拜金主义思潮的陷阱中。

三、克服拜金主义思潮对大学生价值观消极影响的对策

当代大学生在日常生活中,直接或间接地饱受拜金主义思潮的侵害。随着时间的推移,在高校中就有了一部分受到拜金主义思想侵害的学生。通过上述找到的大学生形成拜金思想的原因,针对相关原因,笔者提出解决措施,分别从学校、学生自身、家庭、社会环境等四个方面开展。努力引导大学生从内在培养起恰当的世界观、人生观和价值观,摆脱拜金主义思想的束缚。

(一)优化社会环境,培育积极向上的良好氛围

加强优秀传统文化教育,弘扬正能量。在当今社会,传统文化中既有符合社会发展的成分,也有阻碍社会发展的糟粕。比如,儒家倡导的"视金钱如粪土"主张轻视物质利益,在一定程度上能够有效地帮助大学生抵制拜金主义思潮的影响。但是也存留一些封建陋习,对当代社会产生了一定的不良影响。拜金主义是狡猾的,它会借助传统文化这个外壳伪装自己,并在无形之中传播自身思想。因此我们要增强对传统文化的认知,了解什么是优秀传统

文化,学会辨别社会上的精华与糟粕,并运用优秀传统文化这个载体,采用多种形式,具体而形象地引导大学生形成正确的价值观,消除拜金主义的影响,树立正确的金钱观。也可以通过在高校开展优秀传统文化走进校园活动等,宣传中华优秀传统文化的奥妙,潜移默化地加强优秀传统文化教育,弘扬正能量,培育新时代优秀青年大学生。

网络媒体引导正确主流价值观。如今的社会是一个信息社会,媒体网络在日常生活中起着特别关键的作用。大众传媒通过广告宣传、影视剧的附加影响和一些潮流的报道来宣传策划和提升拜金主义的知名度。大学生因为本身的独特性,处于成熟与未成熟的过渡阶段,易受到新闻媒体的影响。各种新闻媒体通过抨击拜金主义不良价值观,在一定程度上可以缓解拜金主义思潮对大学生价值观的不良影响。首先,大众传媒要规范自身行为,细心挑选要开播的综艺节目。不要因为节目的播出,造成不良的社会影响,危害人们的价值观和消费观。除此之外,大众传媒应主动提倡科学规范的消费观念,正确引导大学生创建"合理使用"的购物方式,杜绝拜金主义行为的产生。在日常生活中,要提倡大学生形成合理的价值观。其次,相关部门要加强对网络媒体的审批强度,加强对广告宣传、电视机和互联网的管控,加强对其真实性有效性的评定,避免播出对观众正确价值观有危害的综艺节目,尤其是预防和避免使大学生产生拜金主义。

(二)加强高校思想政治教育工作的引导育人功能

以社会实践砥砺艰苦奋斗观念。道德根据划分标准,是属于上层建筑内,这是一种特殊的意识形态,也可以被称为是德行、品德。道德产生于原始社会,并随着社会的发展而逐渐具有阶级性,主要体现于社会活动中,人与人交往的过程中表现出的习惯。马克思主义伦理学认为,现实的社会生活是道德产生、形成、发展的客观事实基础,同时,道德又会促进社会的发展。自原始社会之后,道德就具有了阶级性,往往凝聚着某一个社会阶级的道德要求以及社会个人的意志和信念,是人民在日常生活中展现出来的,具有相对稳定的特点。一个人如果想要有所成就,除了过硬的专业素养之外,道德品质也是一个重要的影响因素。大学生在经过高中三年的学习后,已经具备了一定的专业知识,虽然我国要培养"德智体美劳全面发展"的人才,但是高中阶段,更加倾向于文化的学习,对于"德"的重视程度略显不足。大学期间是学生将学校和社会进行接轨的阶段,此时如果大学生没有形成正确的道德,那么在面对外界诱惑时,很容易失去本心,愈发不能处理好义与利的关系。因此在大学生入学的第一课时,就应当加强培养大学生的道德品质,这样有助于日后大学生在参加社会实践活动过程中获得积极正确的引导,从而加强大学生自身意志品质的培养,以形成良性循环。比如,对于道德品质的培养要逐步、分阶段地进行,让大学生参加社会公益活动和勤工俭学,然后组织不同的同学进行人生价值观的演绎,帮助大学生抵制拜金主义不良风气的侵蚀。

夯实艰苦奋斗观的教育内容。艰苦奋斗一直是我们党的优良传统,也是新时代对大学生的要求,更是时代对我们的召唤。本书认为,教师,尤其是大学思政课教师,在进行授课时,应当剖析教材,在教材内容中穿插艰苦奋斗精神的教育,同时对拜金主义的产生和发展进行分析,深化教学内容,帮助大学生形成艰苦奋斗的意志品质,从而更好地抵御拜金主义思潮的侵蚀,给予正面回击。首先,加强大学生勤奋刻苦的奋斗精神教育。未来无论是学术上的造诣,或是专业技能上的锻炼,都要求大学生必须具备扎实的基本理论知识和过硬的技术本领。在具备上述条件之后,还必须具备能够吃苦耐劳的奋斗精神,只有贯彻到底,才能够为大学生成才和日后的发展提供源源不断的动力。"问与学,相辅而行者也。非学,无以致疑;非问,无以广识。"这教导我们在进行学习的过程中,一定要合理地进行安排,端正我们的学习态度,通过艰苦奋斗克服学习过程中的苦难,通过多方面的学习,努力成为复合型人才,扩宽自身的视野,充分利用自身的才能做贡献。其次,教育大学生养成节俭朴实的生活作风。"由俭入奢易,由奢入俭难。"大学生只有始终保持节俭的底线,才能养成勤俭节约的品质。该品质对于学生个人的发展有着重要的作用。勤俭节约是中华民族的传统美德,需要我们去传承并发扬光大。因此在教育过程中必须要把培养大学生"俭以养德"的观念作为重点。在教学过程中,教师要有意识地培养大学生根据自身的实际情况,去进行适合自身经济能力的消费,无论是家境困难的学生,抑或是家境殷实的学生,都应当坚决抵制超前消费,摒弃过分追求名牌和奢侈品的思想,进行健康的社交活动。最后,引导大学生逐渐降低或杜绝冲动性消费、盲目从众性消费,以及在攀比心理作用下的炫耀性消费、符号性消费、奢侈性消费,引导学生树立正确的消费观念,坚决杜绝超前消费。通过教学,培养学生勤俭节约的良好道德品质,共同抵御拜金主义的蛊惑,与拜金主义抗争。

(三)发挥家庭教育的积极作用,抵制拜金主义

加强与父母沟通和联系。对于处于价值观正在形成阶段的大学生,影响因素有很多。大学生最早开始接受的教育正是来源于父母,父母是孩子的第一位老师,父母的一举一动都在潜移默化影响着孩子未来的发展。家庭环境对于大学生的价值观有着很大影响,因此在日常生活中,尤其是在大学生树立价值观的阶段,父母一定要注意自己的行为举止与谈吐,加强对孩子的思想政治的教育,发挥自身的榜样力量。我国人口众多,地域跨度较大,每个家庭教育孩子的方式不同,教育的侧重点也不同,父母教育方式的不同,也在一定程度上影响了孩子的发展方向和价值观的形成。家长可以在生活中,就小金额的金钱交易,询问孩子的意见,让孩子参与到金钱的使用和规划中。在让孩子更早参与资金管理的过程中,循序渐进地引导孩子说出自己的想

法,父母加以判断,为日后的价值观培养制定方针。父母还可以围绕一些问题与孩子开展讨论,比如金钱的概念、"取之有道,用之有理"的金钱观等。在快乐轻松的家庭氛围中,孩子会形成正确的金钱价值观。在未来,即使身处拜金主义旋涡之中,也能明辨是非,做到不随波逐流,增强自身的信仰,守住本心。

父母应以身作则,培养子女正确价值观。父母是孩子在成长过程中除老师之外,陪伴时间最长的角色。子女价值观的形成更多的是受父母的言行影响。因此父母对于日常生活事情的处理,不能向孩子传递功利性的想法,应当有意的为子女树立崇高的情怀和远大的理想。通过讨论日常生活中社会热点问题,父母可以对子女进行针对性地引导,为子女灌输正确的价值。青春期时,多数孩子会出现叛逆现象,这时候是孩子形成正确的价值观的最关键时期。少数学生在这个阶段里,思想未得到正确的引导,误入歧途,耽误未来的发展。因此在开展教育工作时,父母应当更加注重教育的手段,可以以朋友的身份与孩子进行交谈,鼓励孩子通过自己的付出去获得收获,实现自己的理想目标。

(四)加强大学生的自我教育,提高自律能力

不可否认,在九年的义务教育和三年的高中教育过程中,学生更加注重的是学习,而与社会接轨较少,因此在迈入大学生活时,更多的学生对大学校园生活是充满了憧憬与向往。由于自身社会经验以及阅历不足,刚踏入大学生活的大学生很容易受到腐蚀,在这种情况下,更要求大学生牢记自己的使命,严格要求自己,不忘初心,提高事物的鉴别能力,提高精神高度,自觉抵制拜金主义的侵蚀。

树立理想信念,端正学习态度。21世纪的大学生在通过网络接收了各种外界信息的情况下,更应该学会主动地运用马克思主义的世界观和人生观、

价值观武装自己。大学生活提供了一个学校与社会接轨的舞台,大学时期是成长最关键的时期。在面对未来社会生活当中各种诱惑、各种迷茫时,学习马克思主义理论是大学生树立崇高的理想和信念的关键,只有学习马克思主义理论,才能勇于自我创新,进而做有文化、有辨别能力的人,因为人生的价值在于对社会的贡献程度大小,这也正符合马克思主义人生观的核心,即集体主义和奉献主义。我们要怀有为国、为民做奉献的决心和信心,只有通过运用科学的理论知识武装自己的头脑,树立远大的理想和目标,并在生活中付诸实际行动,才能实现这一最终的理想。我们在高校中学习到的知识,一方面是为了在将来工作中能够自食其力,另一方面也是对社会的回报和奉献,在精神上和灵魂上让自己升华。面对外界复杂的拜金主义思潮侵蚀,我们要自觉地追求高尚的精神文化,构建文明的精神家园,丰富人们的精神世界。

强化自律意识,提高辨别能力。一些大学生因为基础知识不健全,鉴别能力较差,没法快速看穿拜金主义的伪装,尤其是网上铺天盖地的拜金主义信息,因此受到其蛊惑,走上一条不正之路,甚至违法犯罪,葬送自己的大好前程。想要远离这些蛊惑,最重要的是增强自身的自制力,有一双能辨是非、辨善恶的明亮眼睛。首先,大学生要自觉主动地去学习基础理论,辨是非,知善恶,有一个清晰的自我认知,推进基础知识搭建。其次,大学生要学会如何辨是非,对网络上鱼龙混杂的信息要坚持去粗取精、去伪存真,对不良信息及时清除,不断磨炼自律意识和辨别能力。最后,大学生要学会如何知善恶。学习首要是要学会做人,学会社会交往。人都有自己的底线,不能触碰红线,丧失基本的道德修养,如抛妻弃子、不赡养自己父母等,但是也要警惕,不可盲目善良,对坏人放松警惕,比如拜金主义也会伪装成受害者的形象来博取同情心,直至你上当受骗。总之,当我们面对某些诱惑时,要自觉强化自律意识,提高自我辨别能力,避免不必要的损失。

推荐阅读书目：

1.刘福州：《我国社会转型期拜金主义现象透视》，中国书籍出版社，2007年。

2.武文军：《拜金主义的过去与现在》，甘肃人民出版社，1990年。

第十讲　大学生思想政治教育课中师生互动的必要性和有效途径

　　在大学生思想政治教育课上，有效的师生互动有利于培养学生自主学习的能力，促进学生全面发展；有利于提高教师的教学水平和质量；有利于进一步提高大学生思想政治教育课的实效性。然而大学生思想政治教育课师生互动还存在着一些问题和不足，表现为师生互动的积极性不高、师生互动内容选择不系统、师生互动方法和形式缺乏创新性。本讲将针对以上问题分析原因，提出有效的改进措施。师生互动应坚持以人为本、实事求是、双向互动和有效互动的原则，应深入贯彻落实主导主动的教学理念，培养和提高思想政治教育课教师开展师生互动活动的能力，培养大学生自主学习的能力，修改完善相关的评价制度，不断建立师生互动的平台等，以促进大学生思想政治教育课的实效性。

一、大学生思想政治教育课教学中师生互动的内涵及意义

　　探究大学生思想政治教育课师生互动的必要性和途径，首先要了解师

生互动的内涵，对师生互动的概念有个总体上的了解，明确师生互动的含义，为进一步研究问题奠定理论基础。

(一)师生互动的内涵

随着教育体制的改革、观念的演进，纯粹以老师一方为主导的授课形式逐渐退出课堂，由教师的"教"与学生的"学"相结合的双向互动的教学方式逐渐占主流。师生互动是一种教师与学生之间相互交流、相互影响、共同学习进步的教学模式。佐斌在《师生互动论——课堂师生互动的心理学研究》一书中，将师生互动的内涵表述为："课堂师生互动是教师和学生之间在课堂教学情境中发生的具有促进性或抑制性的相互作用或影响。"①师生互动的影响带有促进性或抑制性。我们这里说的师生互动主要是指教师与学生之间相互产生积极影响，相互促进的教学方式。这种师生之间的影响不仅仅围绕书本上的知识展开，也包括师生之间情感、态度和价值观等精神层面互动的影响。

根据课堂师生互动的含义，可以将大学生思想政治教育课教学中的师生互动表述为：大学生思想政治教育课师生互动是在遵循思想政治教育课教学规律的基础上，教师与学生在理论知识、情感、态度和价值观等方面相互交流，相互促进，共同进步，以提高大学生思想政治教育课的授课质量，增强大学生思想政治教育课实效性的过程。

关于大学生思想政治教育课中的师生互动，我们必须注意以下三个方面的问题：第一，大学生思想政治教育课师生互动是双向的，包括教师与学生两个主体。教师在师生互动中起着主导作用，要设计、组织和开展能够引起学生参与师生互动兴趣的活动内容和活动形式，调控和制约师生互动的

____

① 佐斌：《师生互动论——课堂师生互动的心理学研究》，华中师范大学出版社，2002年。

走向,总结反思师生互动的经验,修改完善师生互动的内容和形式。学生在师生互动中发挥主动作用,要积极配合老师开展的教育活动,保证师生互动各种活动形式顺利开展。第二,大学生思想政治教育课师生互动的内容和形式具有多样性。思想政治教育的重要目的是立德树人,在师生互动内容上除了单一的书本知识外,还包括情感上的交流,知情意行的培养和正确世界观、人生观、价值观的树立。形式也是多样的,例如师生互动不仅可以在传统的"线下",也可以在线上,尤其是在互联网通信技术突飞猛进的今天。第三,大学生思想政治教育课师生互动的效果必须是正面的。师生互动的结果是通过教师与学生之间各种形式的交流互动,学生获得某方面的知识和道理,进而学以致用,对学生未来人生发展有着积极的指导作用。而教师则在互动中不断提高自身的教学水平、教学质量和教学热情,以达到教学相长的效果。

(二)师生互动的意义

提高大学生思想政治教育课师生互动的积极性。在大学生思想政治教育课堂中,有效的师生互动有利于引起学生学习的兴趣和提升教师的授课热情。一方面,教师选择学生感兴趣的教材内容,通过新颖的师生互动的方法,创建相关的教学情景,营造活跃的课堂氛围,开展丰富多彩的师生互动活动。在此基础上引起学生主动学习的兴趣,学生积极参与课堂师生互动的活动,主动提出问题和表明自己的观点,在教师的指导下不断发挥学生学习的主动性与积极性,提高自主学习的能力。另一方面,教师因为师生互动活动的顺利开展、学生参与师生互动积极性的提高和学生在学习中取得的进步而不断获得教学的成就感和职业的获得感。从而不断促使教师积极投身于教学工作中,增加教师设计和开展师生互动的热情,提高教师教学的积极性。

有助于建立密切的师生关系。在师生互动的过程中,师生之间进行密切的交流,这种交流不仅停留在书本知识上,更重要的是师生之间在情感、为人处世态度和价值观的交流。在师生交流的过程中,教师不断了解学生的真实想法,鼓励促进正确认知和想法的进一步发展,及时纠正错误的、不正确的想法,使学生朝着正确的道路发展。教师根据学生的具体情况因材施教,制定符合大部分学生要求的师生互动活动,促进师生之间更深层次交流的实现。在师生交流的过程中,学生获得教师的正确指导,对教师的帮助怀有感恩之情,提高尊师重道的意识。总结来说,师生互动的进行会增加师生之间的交流,在交流的基础上不断加深彼此的了解,亦师亦友,建立密切的交往关系,形成和谐的师生关系。

提高大学生思想政治教育课的实效性。通过大学生思想政治教育课中有效的师生互动,一方面,学生可以体会到自主探索学习的兴趣和主动获取知识的乐趣,不断增加自己的知识储备,掌握学习的正确方式方法,提高自主学习的能力。学生可以利用所学知识,分析现实社会中出现的时政热点话题和解决实际生活中和学习中遇到的难题,为未来学业或就业提供有效的指导。另一方面,大学生思想政治教育课教师通过学生在课堂中师生互动的表现与反馈,不断修改和完善师生互动的内容和方式,不断提高师生互动的针对性和有效性。通过每一次的课堂实践去完善相应部分的内容,并在此基础上创造更多合理的师生互动的形式。大学生思想政治教育课教师在这个过程中可以锻炼教学的能力,提升教学的水平,提高教学的质量,不断增强大学生思想政治教育课的实效性。

二、大学生思想政治教育课教学中师生互动的理论基础与现实依据

（一）师生互动的理论基础

马克思主义的社会交往理论。马克思认为，生产是以个人之间的交往为前提的，没有人与人之间的交往，就没有物质生产活动。马克思把社会交往定义为"人的活动和本质力量——作为类的活动和本质力量——的明显外化的表现"①。交往是人类所特有的社会行为，是人的社会关系的表现形式。首先，交往是发生在人与人之间的。这一点在大学生思想政治教育课堂上主要体现为师生间必不可少的互动，这种互动是一种平等的互动，而非强调教师的权威作用、学生的被领导地位。教师与学生之间通过交流互动，不断建立平等、民主、和谐的师生关系。其次，交往不仅包括物质方面的交往，还包括精神方面的交往。大学生思想政治教育课师生互动使教师与学生之间进行知识和情感的沟通、精神方面的交往，从而为更好的物质生产进行理论的指导，促进交往实践活动的发展，为学生自身的发展提供指导，促进学生的茁壮成长。

马克思主义的人学理论。马克思主义注重人的现实规定性。马克思认为："人的本质并不是单个人所固有的抽象物，在其现实性上，它是一切社会关系的总和。"②首先，必须要重视人。教育要坚持以学生为本，要准确了解学生的知识水平，明晰学生的内心需要，关注学生的发展动态。通过课堂上的师生互动实践，有利于教师准确地了解学生，从而有针对性地解决学生面临的疑难困惑，促进学生的发展。其次，人是一切社会关系的总和，要在生活中

---

① 《马克思恩格斯全集》（第四十二卷），人民出版社，1979年，第148页。

② 《马克思恩格斯全集》（第三卷），人民出版社，1979年，第295页。

处理多种多样的社会关系,正确思想的指导极为重要。大学生思想政治教育课师生互动有利于教师了解学生的思想,通过师生间的交流,学生能够自主判断各种思想的正确与否,摒弃错误的思想,树立正确的世界观、人生观、价值观。

认知结构教学理论。布鲁纳认为,学习的本质不是被动地形成刺激-反应的联结,而是主动地形成认知结构。学习者不是被动的知识接受者,而是有主动学习和选择的权利。大学生思想政治教育课不能是教师的"填鸭式教育",学生被动地接受教师传授的知识的过程;而是积极主动地参与师生互动活动,主动地获取知识,满足自己的学习需要的过程。大学生思想政治教育课教师首先创建有利于学生主动学习的情境,在开展师生互动活动的过程中,不断激发学生主动学习的精神,提高学生主动学习的能力,将所学的知识与已有知识相联系,构建相应的知识体系,再将其外化于行,用正确的思想和理论指导自己的行为活动,更好地解决现实中的问题。

建构主义理论。建构主义理论认为教学的目的并不是试图为学习者勾画一个外部现实的结构,而是帮助学生建构出他们自己的对外部世界的有意义的、概念性的、功能性的描述。建构主义既强调学习者的认知主体作用,也重视教师的指导作用。教师是意义建构的帮助者、促进者,而不是知识的传授者与灌输者,学生是信息加工的主体、是意义的主动建构者,而不是外部刺激的被动接受者和被灌输的对象。大学生思想政治教育课师生互动是在教师的指导和引领下,强调学生的主体地位,以学生为中心进行知识学习的一种模式。在师生互动的过程中,教师不断引领学生进行自主学习,主动探索思想政治理论内容,不断提高学生知识构建的能力,形成正确的学习方法,促进学习能力的提升。

（二）师生互动的现实依据

任何问题的出现都能在现实中找到其存在的依据，对大学生思想政治教育课师生互动进行研究，必然也能在现实中找到其出现和存在的依据，以此来推动大学生思想政治教育课师生互动研究的进程。进行大学生思想政治教育课师生互动研究的现实依据主要包括贯彻落实《"新时代高校思想政治理论课创优行动"工作方案》的需要和对高校思想政治教育课教学实效性反思的需要。

深入贯彻落实相关教育政策的需要。2019年3月18日，习近平总书记在北京主持召开学校思想政治理论课教师座谈会并发表重要讲话。为深入贯彻落实习近平总书记在学校思想政治理论课教师座谈会上的重要讲话精神，高质量办好新时代高校思想政治课，提升大学生对思想政治教育课的获得感，培养德智体美劳全面发展的社会主义建设者和接班人，教育部印发了《"新时代高校思想政治理论课创优行动"工作方案》。该方案指出，要聚焦全面推进习近平新时代中国特色社会主义思想进教材进课堂进学生头脑，把建设一支高素质的思想政治教育课教师队伍作为关键，以高水平教学资源为支撑，以高标准教学质量为目标，全面提升思想政治教育课的质量和水平。2021年12月18日，中共中央宣传部、教育部关于印发《新时代学校思想政治理论课改革创新实施方案》的通知，提出要组织好思想政治教育课教学，确保学时学分和教学质量。

提高大学生思想政治教育课的教学质量和水平，课堂中的师生互动起着重要的作用。大学生思想政治教育课上有效的师生互动有利于提高教师的备课质量，提升教学水平。在师生互动交流的过程中，学生不断提高自主学习和知识探索的积极性和主动性，不断学习自主学习的方法和提高自主学习的能力。组织好大学生思想政治教育课教学，优化课堂师生互动过程，提高大学生思想政治教育课的教学质量和水平，不断满足深入贯彻落实《"新时代高校思想政治理论课创优行动"工作方案》的需要。

对大学生思想政治教育课教学过程中实效性的反思。大学生思想政治教育课上的师生互动在引发大学生的参与热情和学习兴趣方面是存在一定问题的，主要体现为互动频次少、互动效果弱。大学生思想政治教育课教学内容以理论偏多，一些教师只是通过展示 PPT 的形式讲述理论内容，缺乏具体应用于实践的举例。并且由于授课内容较多，全程都在进行讲述，知识点密集，学生难以准确记忆。这使得学生学习兴趣不高。部分教师在课上很少进行课堂的提问，留给学生思考的时间很短，学生思考过后也很少有发表意见的机会。这导致了学生的课堂参与感较低。一些课堂缺少对学生学习的引导作用，对于学生的回答不做适时的评价，不能积极引导学生向更深层次思考。只局限于传授知识，忽视学生学习方法的教学和自主探索学习能力的培养。种种问题的存在，使得思想政治教育课教学过程中的实效性不足，难以对学生产生积极的影响。师生互动有利于改善以上的种种状况，不断促进大学生的全面发展，不断提高大学生思想政治教育课的实效性。

三、大学生思想政治教育课教学中师生互动的潜在问题及原因分析

对大学生思想政治教育课师生互动进行研究，并提出相应的解决措施，必须首先了解师生互动存在的问题，在发现问题的基础上分析问题、研究问题，根据问题提出针对性的改进措施。

(一)大学生思想政治教育课教学中师生互动的潜在问题

根据调查问卷统计的数据，大学生思想政治教育课师生互动中的问题主要集中在以下四个方面：师生互动的积极性不高、师生互动内容选择不恰

当、师生互动方法单一性、师生互动形式传统落后。

师生互动的积极性不高。师生互动的积极性是指师生之间开展师生互动活动的意愿，具体体现在教师开展师生互动活动的频率和学生参与师生互动以及主动提出问题和看法的次数。师生互动积极性的增加有利于提升思想政治教育课的教学效果，促进思想政治教育目的的实现。根据调查问卷收集的数据，思想政治教育课上教师进行师生互动频率为"偶尔"的占比为53%，频率为"太少"的占比为20%。学生在课上偶尔主动提出问题和看法的占比为72%，从不提出问题和看法的占比为20%。由此可见，大学生思想政治教育课师生互动的频率较低，师生互动的次数较少，师生互动的积极性不高。由于大学生思想政治教育课涵盖的内容较多，时间也不充裕，在时间紧任务重的条件下，大学生思想政治教育课主要以教师单方面的讲述为主，偶尔会进行课堂提问，但大多数情况是教师就相应的问题提出疑问，让学生思考，最后再由教师来解答。在学生看来，虽然思想政治教育课非常重要，但是在大班化教学和周围同学的影响下，在课堂内容本身枯燥乏味的影响下逐渐失去了学习的兴趣。这导致即使有学生积极思考问题，最终也极少主动回答问题。教师没有提供有利于师生互动的相关情景和教学氛围，学生没有积极参与师生互动的欲望，所以师生互动的积极性不足。

师生互动内容不够完善。这里的师生互动内容是指师生互动中选择的材料，教师选择的师生互动的材料是否能引起学生的学习兴趣，是否能通过课堂师生互动中的交流对学生产生实际的影响，进而具体地对学生在生活、学习、工作中遇到的问题进行指导。师生互动过程中正确的、完善的内容材料的选择，对提高学生参与师生互动的积极性有着积极影响，有利于提升思想政治教育课的教学效果。有39%的学生认为师生互动中选择的内容脱离个体需要，与自身实际关系不大；20%的学生认为师生互动中选择的内容脱离现实社会，未与时俱进。大学生思想政治教育课师生互动内容在符合主流意识形态之外,还存在着两点问题。第一,内容脱离个体需要。师生互动内容远离学生的学习和日常生活,这使得一部分同学认为理论对自己的指导作用不大,学生学习的动力就会减少,参与师生互动的积极性和主动性就会下降。第二,内容脱离现实社会。首先,师生互动内容陈旧,没有与时俱进,没有根据现实社会存在的新问题,选择相应的新内容,忽视了对新时代中国特色社会主义建设中出现问题的研究。其次,师生互动内容难以理解,教师鲜少运用具体的案例和现实中出现的问题来解释相应的理论,学生不理解,也不能激发学生运用所学知识解释和解决现实问题的兴趣。

师生互动方法单一化。师生互动的方法是指在课堂进行师生互动时师生之间进行交流所采取的途径和办法,最常见的有课堂提问和小组讨论等。多样化的师生互动方法能够引起学生的兴趣和提高学生参与师生互动的积极性。关于课堂上教师采取的师生互动的方式,师生互动采取传统课堂提问形式占比为 44%,小组讨论形式占比 30%,小组合作形式占比 14%,辩论赛形式占比 9%,情景剧形式占比 3%。由此可见,师生互动的方法比较单一,主要集中于传统课堂提问,较难引起学生参与师生互动的兴趣。师生互动大多采取提问的方法,只有部分课堂会采取小组合作、辩论等其他的师生互动的方式。学生一般对课堂提问采取回避态度,如果被点名回答问题,有的学生简单说几句,有的甚至直接说"不知道",对于老师的引导置之不理,传统的课堂提问严重影响了学生参与师生互动的积极性。当学生之间成为一个小组之后,在组与组之间的较量下,在组员的积极影响下,学生的胜负欲被激发,课堂教学氛围高涨,可以相应地提高学生参与师生互动的积极性和主动性。

师生互动形式传统落后。师生互动的形式包括课前、课上、课后师生之间的交流,以及通过互联网打破时空的局限所进行的线上交流,师生之间线上的交流有利于使思想政治教育课上的师生互动得到延续,使课堂教学效果持续发挥作用。调查数据显示,大学生思想政治教育"课上互动"占比56%,"课前互动"占比16%,"课后互动"占比21%,"线上互动"占比7%。师生互动主要集中在课堂中的教师与学生之间,缺少学生与学生之间的互动;缺少课下师生之间的交流和线上师生互动的沟通;缺少固定的师生互动的平台。学生与学生之间的交流是很重要的,学生之间由于年龄、认知水平相似,两者之间的交流更能碰撞出火花,形成新的认知,激发学习的兴趣。由于大学课堂的特殊性,教师与学生在课间进行交流的时间有限,课下由于师生见面机会较少,进行交流的机会也较少。所以在私下通过 QQ、微信等通信工具与教师进行交流和建立线上师生交流的平台是很有必要的,这有利于使师生互动得以延续,发挥师生互动的积极作用。

(二)大学生思想政治教育课教学中师生互动潜在问题的原因分析

认识问题、分析问题、解决问题是一种能力,其中分析问题发挥很重要的作用。在了解师生互动现状问题的基础上,最重要的是分析问题出现的原因,根据原因再提出相应的解决措施,以促进师生互动的开展。

"灌输式"教学理念的根深蒂固。教师"满堂灌"的授课形式,忽略学生知识掌握的程度和认识水平的发展,只按照课程安排将知识一并教授给学生的灌输式教育思想,影响着教师的教学理念。这在具体教学中体现为教师权威地位的坚不可摧。课堂上教师处在权威地位,学生处于服从地位,学生只能被迫接受教师的授课内容和配合教师的指令。在传统教学理念的影响下,教师忽视了学生的学习兴趣、学习习惯和知识水平,忽视了学生的自觉选择性和能动性。这使得一部分教师只是简单地把授课内容按照课本的顺序讲述完整,没有结合学生的需求,没有重难点,没有结合学生的反馈来反思和调整授课内容,课堂缺乏活力,缺乏有效的师生互动。由此可见,传统的教学理念会对师生互动产生较大的影响。

教师数量相对不足。从教育资源分配来看,教师数量相对不足。一方面,大学生思想政治教育课基本上都是以公共课形式进行授课,课堂上甚至会出现1个教师对200多个学生的情况。面对数量成百的学生,师生互动的形式受到限制,基本只能采取提问的形式,由于学生人数过多,过多的师生互动不仅不会促进课堂的推进,还可能会引起课堂的骚动混乱,影响课堂秩序。另一方面,教师主要由各个高校马克思主义学院的专业课教师兼任,专门从事思想政治教育教学的教师相对数量不足。教师花费到本专业课程备课上的时间较多,相对来说,花费到公共课程备课的时间不足,缺少选择和设计师生互动的内容和形式的时间,这使得师生互动的频率较低。教育资源分配的不均衡,教师数量的不足,对大学生思想政治教育课师生互动有着重要的影响。

教师开展师生互动的能力受限。在师生互动过程中,教师是师生互动的设计者、组织者和发起者,发挥着主导作用。教师自身所具有的开展师生互动活动的能力,影响师生互动活动的顺利开展与进行。第一,教师对师生互动内容形式的选择。选择合适的内容形式不仅能提升学生参与师生互动的积极性,而且会对学生产生潜移默化的影响。第二,教师的授课方式。教学语言的风格、教学热情的程度、教学内容的呈现方式等因素影响大学生思想政治教育课的课堂效果,积极活跃的课堂氛围有利于师生互动活动的开展。除此之外,还包括教师兼顾课题研究与课堂备课两者的能力。高校教师要不断进行学术研究,以深化在某一领域的认知,提高学术水平。与此同时,对课堂教学师生互动环节的设计与组织也要兼顾,为课堂师生互动活动的开展准备条件。

学生缺乏自主学习的意识。由于大学生相对缺少家长和教师的说教与监督,在学习习惯上出现了很大的改变。一部分大学生在摆脱乏味紧凑的高三生活,进入大学之后,开始无限制的"报复性"玩乐放松,甚至把思想政治教育的课堂看作睡觉休息的场所,对于教师的安排置之不理,不配合课堂师生互动的开展。一部分低年级大学生积极配合教师的课堂安排，按时做笔记，但随着年级的升高，部分大学生发现不需要课上配合老师也可以取得较好的成绩，做笔记的内容书本上都可以找到，好的学习习惯越来越少，逐渐把成绩及格作为自己追求的目标，学习方面逐渐懈怠。还有一部分学生，始终配合老师的安排，积极回答老师的问题，以追求自我发展、提高修养为学习的目标，但是这种类型的大学生人数较少，不足以影响其他的学生。

现行考评制度忽视对教学质量和效果的考核。现行考评制度可以大致分为对学生的考评制度和对教师的考评制度。高校对学生的考评，主要包括期末考试成绩和平时成绩两部分，期末成绩占 60%~70%，平时分占 30%~40%，其中平时成绩又包括出勤次数、课堂表现和课后作业完成情况。由于课堂表现和课后作业完成情况占比不高，大多数学生凭借期末考试就可以取得较好的成绩，所以在课堂师生互动中学生的参与度不高。高校对教师的考评制度主要指高校教师晋升的制度，在高校教师晋升的条件中占比大的是是否从事开创性的研究课题、是否获得过具有重大意义的研究成果、是否发表过优质的论文。教学质量以及学生的成绩对于教师晋升的影响较小，导致教师进行课堂师生互动的积极性不高。可以说，不管是对学生的考评制度还是对教师的考评制度，都会对大学生思想政治教育课师生互动产生影响。

四、大学生思想政治教育课教学中实现师生互动的原则及有效途径

分析大学生思想政治教育课师生互动中出现的问题，要根据原因提出相应的解决措施。这其中既要明确相应的基本原则，也要提高具体的改进办法。

(一)大学生思想政治教育课教学中实现师生互动的基本原则

相关措施的采取必须要有一定原则的指导和规范，以确保师生互动的有

效实施。师生互动的原则应包括以人为本、实事求是、双向互动和有效互动。

以人为本原则。在教育活动中,由于教育对象是学生,所以以人为本就是要以学生为本。坚持以学生为本,教育必须面向全体学生,必须以学生作为教育互动的出发点和落脚点,必须促进学生的全面发展。大学生思想政治教育教学中实现师生互动要坚持以人为本的原则。首先,师生互动必须面向全体学生,在课堂上进行师生互动时,要在调动起课堂氛围的基础上尽量让全体学生都参与进来。要不断了解学生的想法,选择学生感兴趣并且寓于教育意义的材料作为师生互动的内容,选择能够使全体学生都能参与课堂互动的方式作为师生互动的形式。最重要的是,师生互动必须以促进学生全面发展为出发点和落脚点。师生互动的目的不在于师生互动本身,而是在于促进学生德智体美劳全面发展,学生要通过思想政治教育课上的师生互动不断提高自身的思想政治素质和科学文化素质。

实事求是原则。在实事求是中,"'实事'就是客观存在着的一切事物,'是'就是客观事物的内部联系,即规律性,'求'就是我们去研究"①。实事求是原则就是在马克思主义的指导下,一切从客观存在的真实情况出发,以研究和认识客观事物发展的规律性,作为我们行动的根据和向导。实事求是原则应用于大学生思想政治教育课师生互动中,主要体现在教师备课和课后反思两个阶段。首先,在备课阶段,教师要提前了解学生的兴趣爱好和认知水平,相应选择合适的师生互动的教学内容,根据学生的人数、课堂的大小、内容的多少设计师生互动的形式。值得注意的一点是,实事求是还要求与时俱进,也就是师生互动的内容和形式必须根据时代和实践的发展而不断更新发展。其次,在课后反思阶段,教师要及时根据学生在课堂师生互动中的表现总结本节课的有益经验,补充完善师生互动的内容、改进更新师生互动的形式。课下收集学生对本节课的反馈意见,进一步完善师生互动的相关细节。

---

① 《毛泽东选集》(第三卷),人民出版社,1991年,第801页。

双向互动原则。双向互动原则中的"双向"是指教师和学生两者之间的互动。师生互动必须是教师与学生之间的互动,而不是教师纯粹地讲课和学生单纯地听课。教师是师生互动内容的最终选择者,是师生互动形式的设计者、组织者、实施者,是师生互动实施过程的控制者、师生互动实施后的反思者。教师必须根据学生的需求设计师生互动的形式,最大限度地提高学生学习的兴趣,调动学生参与师生互动的积极性。教师的准备工作为师生互动的顺利开展准备前提条件。学生是师生互动过程的配合者,是师生互动的最终受益者、师生互动实施后的反馈者。师生互动过程顺利的进行,与学生的积极参与和有效配合密切相关。只有教师与学生积极配合,实现师生之间的双向互动,才能不断提高大学生思想政治教育师生互动的积极性。

有效互动原则。有效互动原则中的"有效"可以理解为"有效率"和"有效果"两个意思。"有效率"主要体现在师生互动的过程之中,要保证思想政治教育师生互动有序、高质量地开展,在不引起课堂混乱的前提下,采取合理的方式,在短时间内顺利地完成各项工作,避免在思想政治教育师生互动中引起课堂轰动、学生骚乱,影响课堂秩序,或者师生互动一拖再拖,没有实质性进展的现象。"有效果"是指在思想政治教育课中师生互动过后,对学生产生的有益影响。这种影响不仅在于学生牢记教师教授的知识,进行知识的内化,更重要的是将内化的知识外化于行为。在现实生活中,用思想政治教育课上所学的知识、学到的道理指导自己的行为,解决实践中的问题,不断为学生的全面发展引领方向,扫清思想障碍。大学生思想政治教育师生互动只有坚持有效互动的原则,促进师生互动的有效性,才能对学生产生有益的影响,促进学生的全面发展。

(二)大学生思想政治教育课教学中实现师生互动的有效途径

在大学生思想政治教育师生互动现存问题原因分析和相关原则遵循的

基础上,要提出相应的具体措施,解决师生互动中存在的问题,以促进师生互动顺利进行,提高大学生思想政治教育的教学效果。

深入贯彻落实主导主动的教学理念。以学生为主体、教师为主导,学生发挥主动作用、教师发挥主导作用的教学理念,对师生互动有着重要的影响。它不同于传统的单纯地教师讲、学生听的教学理念,而是突出学生的主体地位,主张发挥学生在课堂上的积极性、主动性和创造性。教师的主导作用是指教师对思想政治教育教学的领导组织作用。教师要明确思想政治教育教学的学习目的,规定教学的要求和内容,加工所选的教材内容,运用恰当的教学方法,保证思想政治教育教学地顺利开展。教师必须认识到,教学的重心不仅在于传授知识,而且在于培养学生独立思考、自主学习和自我教育的能力,在于提高学生分析、解决实际问题的能力。学生的主动作用是指学生学习的积极性、主动性和创造性。学生在教师的指导下,渐而养成自主学习、自主思考、自我反思的意识。思想政治教育师生互动要在主导主动教学理念的指导下顺利开展。教师作为师生互动内容形式的最终决策者、师生互动过程的组织者,要积极引导学生参与到师生互动的活动中,引导学生发现问题、自主解决问题。要不断培养学生的问题意识、小组合作的意识以及自我反思的能力,有效地实现大学生思想政治教育师生互动。

增加和提高大学生思想政治教育教师的数量和质量。促进大学生思想政治教育教学中师生互动的实现,要合理优化大学生思想政治教育教师的配置,增加教师数量和提高教师质量。首先,增加大学生思想政治教育教师的数量。教师不只局限于马克思主义学院,各个文科学院也可以选出若干教师,作为大学生思想政治教育教师。尽量实现小班化教学,为大学生思想政治教育课师生互动准备前提条件。或者几个老师共同负责大班化教学,增加老师的备课时间,为师生互动奠定良好基础。其次,提高教师的质量。不断对教师进行培训。第一,培养和提高大学生思想政治教育教师的思想政治素质,教师要有正确的政治立场、坚定的理想信念和良好的道德品质。大学生思想政治教育教师首先要有正确的三观,传播与社会主流意识形态相符的思想内容。第二,教师要具备本职业务素质,要有系统的专业知识、浓厚的专业情感和良好的专业涵养。教师要在有丰富专业知识储备的基础上讲好思想政治教育课。第三,教师要具备科学文化素质,要有较高的科学文化修养,必备的信息素质和运用先进教育技术的技能。[①]大学生思想政治教育教师要运用先进的技术制作 PPT,搜索与内容相关的案例与视频,丰富教学素材,提高思想政治教育的趣味性,提高学生参与师生互动的积极性。

提高教师开展师生互动活动的能力。教师开展师生互动活动的能力主要集中体现在师生互动内容、方法和形式的选择和应用上。第一,选择正确的内容。首先,教师要着重选择符合主流意识形态和社会主义核心价值观的教育内容。其次,根据现实社会的突出问题与时俱进地选择教学素材,引导学生用所学知识分析现实问题,提出问题的解决方法。最后,贴近学生生活实际,根据学生个人发展的需求选择合适的教学内容,用所学知识解决学生学习、生活和未来规划中遇到的问题。第二,采取新颖的方法。大学生思想政治教育师生互动的方法不能仅限于课堂"点名"提问。首先,"点名"或"在名单上找个同学来回答一下这个问题"等类似的话术会使一部分学生厌烦,回答问题的积极性直线下降。可以采取抽签的方法确定提问的学生;根据日期选择某行某列的学生;选取某个颜色,对有相同颜色着装的学生进行提问。其次,师生互动除了提问之外,还可以采取小组讨论的形式,提出问题后进行小组讨论交流,由小组代表回答问题;采取小组合作的形式,每个小组负责一部分内容,在充分了解内容的基础上制作课件,课堂上展示和分享小组的学习成果;采取辩论的形式,把学生分成两个阵营,对热点问题进行辩论,

---

① 陈万柏、张耀灿:《思想政治教育学原理(第一版)》,高等教育出版社,2007 年,第 330~338 页。

培养学生的辩证思维;还可以采取情景剧的形式,对某一个历史情节进行情景再现,学生参演其中,身临其境,不断丰富情感世界。第三,选择多样的形式。师生互动不能仅仅局限于课堂之上,还应该要拓展到课下和线上。对于大学生思想政治教育的内容,师生之间可以在课下通过谈话或课后作业的形式继续进行交流,或者在线上,通过 QQ、微信等媒介进行交流,使师生互动不断得到延续。

培养大学生自主学习的能力,提高参与师生互动的积极性。实现大学生思想政治教育课的师生互动,学生是个非常重要的主体。要培养大学生自主学习的能力,提高参与师生互动的积极性。第一,大学生要树立正确的学习观。大学生必须认识到学习的目的是为了实现自身的发展。大学生的眼界不能仅局限于学习成绩上,还要通过思想政治教育课的学习、潜移默化地影响,不断提高自身的思想道德素质和科学文化素质,不断实现自身的发展。第二,培养大学生自主学习的意识。大学生在课堂上不仅要获取知识,更要学会自主学习,从被动的接受式学习转向主动的探索式学习。应用到大学生思想政治教育课堂之上,要积极地配合教师的指示,主动参与师生互动的活动。第三,大学生要掌握正确的学习方法。在课前要做好学习的计划,做好预习;课上要认真听课,做好笔记;课后要做好内容总结,吸收消化知识。在大学生思想政治教育课上也是如此,在课上要认真听讲,做好笔记,提高课堂学习的积极性、主动性和创造性,积极参与配合师生互动活动。课后将课堂内容内化于心再外化于行,不断利用思想政治教育课学习到的知识解决现实中出现的问题。

补充完善相关的评价制度,建立师生互动的平台。实现大学生思想政治教育课的师生互动,需要各学校补充完善相关的师生评价制度,监督师生互动平台的建立和运行。首先,修改和完善师生评价制度,提高教师与学生参与师生互动的积极性。第一,对于教师晋升的标准,要适当增加课堂中师生互动过程效果的因素,同时教师对师生互动内容和方法的选择、对师生互动过程秩序的维持、对师生互动效果的产生等也是重要的评价标准。第二,对于学生成绩的评价,平时分所占的比重可以适当提高,平时分中学生的课堂表现所占的比重相应提高。使学生参与师生互动的频率、学生在师生互动中的表现、学生对师生互动效果的反馈等对学生成绩的影响变大。其次,不断建立有利于大学生思想政治教育课师生互动的平台。师生互动不能只局限于课堂之上,还要在线上和线下建立更多的师生互动的平台。第一,可以在慕课、B站、微博等平台建立大学生思想政治教育的专属空间,教师发布自己录好的教学视频,学生通过弹幕、评价等方式发表自己的看法,教师集中回复问题。第二,可以通过QQ会议、钉钉、腾讯视频等软件进行思想政治教育课直播,打破空间的限制,使师生在网上进行实时的交流。但学校和相关部门同时要对线上思想政治教育做好监督和管理,以促进网络思想政治教育师生互动的良性运行。

推荐阅读书目:

1.杨伊:《基于学习共同体建构的师生互动研究》,浙江大学出版社,2021年。

2.张海:《多民族文化背景下的课堂师生互动研究》,中国社会科学出版社,2019年。

3.张艳红:《网络师生互动的心理学研究》,中国社会科学出版社,2018年。

4.段威:《师生互动 有趣高效》,山东大学出版社,2017年。

5.何源:《课堂情境下师生人际互动研究》,南京大学出版社,2015年。

附录一

大学生思想政治教育中自我教育现状调查问卷

尊敬的大学生朋友：

您好！我是曲阜师范大学马克思主义学院的调查研究人员。本次调查旨在深入探究当代大学生思想政治教育中自我教育的现状并进行相关策略的探究，希望能够得到您的支持与帮助。本次问卷调查采取匿名形式，调查结果仅用于分析研究，我们将会保护您的个人信息与隐私，请您不要有任何的顾虑，也请您能够如实作答，感谢您的配合！

1.请根据您的实际情况在相应的空格内划"√"

类别	性别		身份类别			政治面貌				学生干部		所在年级				
选项	男	女	研究生	本科生	专科生	中共党员（含预备党员）	共青团员	群众	其他党派	是	否	一年级	二年级	三年级	四年级	五年级
选择																

2.您对自己有一个准确的认识吗？

　　A.很清楚自己的优点并能够加以利用发挥

　　B.大致清楚自己的优缺点、性格、兴趣爱好等

　　C.能在他人的指导下形成对自己的正确认识

　　D.很难认清自己，不知道自己是什么样的人

3.您认为自己自我教育的意识如何?

　A.很强

　B.一般

　C.很弱

　D.没有

4.对于自我教育,您认为(　　　)

　A.有必要,但很难真正做到自我教育

　B.没必要,学校的他我教育已经足够

　C.其他

5.您对于思想政治教育类的相关课程的看法(　　　)

　A.应付考试和凑够学分的必修课

　B.去听课但不会认真听讲,会在课堂上干自己想干的事

　C.不喜欢并且经常逃课

　D.很喜欢这类课程,觉得很有用

6.您自我反省的频率是(　　　)

　A.经常反省自己的行为举止是否恰当

　B.会阶段性对自己的学习或者工作成果进行反思

　C.一般不会反省,除非出现重大错误

　D.从不反省

7.在反省过程中面对自己的缺点和错误时,您会(　　　)

　A.分析原因,及时改正

　B.通过实践锻炼、自我批评等方法不断进行自我修养,但难以坚持下去

　C.有改正的意愿但并未付诸行动

　D.不在意

8.您的学习目标明确吗?

　　A.明确知道自己的学习内容并能够及时做好规划

　　B.有时明确有时不明确

　　C.不明确,非常迷茫

　　D.自己也不清楚

9.在课后您会积极主动进行自我学习吗?

　　A.会,经常进行主动学习

　　B.会,但要在他人监督下才能进行

　　C.一般不会,除非应对考试或者突击检查

　　D.不会,很难做到自我学习

10.在自我学习中,您往往(　　　　)

　　A.有自己的规划,会采用多种学习方法,制定相关学习方案和计划

　　B.没有具体规划,只有一个大概的学习方向

　　C.没什么想法,想到什么学什么

　　D.没有自我学习的能力,需要他人的指导和帮助

11.您认为自己在课后对于思想政治教育课程所学内容的理解情况如何?

　　A.很容易理解消化并能够付诸行动

　　B.需要在别人帮助下才能够理解

　　C.很难理解,也不会去主动寻求帮助

12.在自我学习过程中您遇到的困难是(　　　　)

　　A.没有自己的学习规划

　　B.难以理解学习内容

　　C.没有正确的学习方法

　　D.学习效率低下,学习效果不理想

　　E.以上都有

F.没有困难

13.自我学习给您带来的效果是(　　　)

A.准确理解把握所学内容并能够运用于实践

B.能大致掌握但难以运用于实践

C.需要较长时间进行消化

D.学习效果不好,事倍功半

14.您在自我管理过程中遇到的困难是(　　　)

A.设定目标较高,难以达到

B.难以调控自己的情绪

C.意志不坚定,难以自我约束和规范

D.行动不够自觉,需要他人监督和规范

E.没有困难

15.您的自我评价的标准是(　　　)

A.以过去的自己为标准

B.以周围人为标准

C.以长辈的要求作为标准

D.没有标准,从不进行自我评价

16.您认为影响自我教育的因素是(　　　)

A.能力不足

B.时间不够

C.老师没有给予自主权,学习很被动

D.没有影响因素

附录二

当代大学生爱国主义教育现状调查问卷

亲爱的同学：

　　您好,非常感谢您能抽出宝贵的时间来填写这场问卷,此问卷承诺仅做科研使用。您的反馈是本课题研究的重要参考,请您如实作答,谢谢您的参与。

1.您现在是大学几年级

　　A.大一　　　　　B.大二　　　　　C.大三　　　　　D.大四

2.您认为高校开展爱国主义教育的重要程度

　　A.非常重要　　　B.比较重要　　　C.一般　　　　　D.不重要

3.就您个人而言,您的爱国形式有哪些

　　A.将自身的价值寄赋于祖国的需求之中,认真工作

　　B.时刻关注国际国家大事

　　C.经常参加爱国主义活动

　　D.自觉抵制拜金主义的侵蚀,发扬艰苦朴素、勤劳节约等优秀民族精神

4.您是否关注过近期时间出现的与国家声誉利益有关的国际国内事件

　　A.非常关注并主动搜集这些信息

　　B.会关注相关新闻但了解不多

　　C.没怎么关注

5.您是否愿意参加义务制爱国主义教育运动

　　A.十分愿意　　　　B.一般　　　　　C.不愿意

6.您是否经常关注国家政策方针和党的思想路线

　　A.很关心,主动了解　　　　　　　B.一般,听别人说说

　　B.很关心　　　　　　　　　　　　D.从未关心

7.您觉得大学生爱国主义教育的效果如何

　　A.效果很好,大多数同学有所收获

　　B.效果一般,部分同学有所收获

　　C.效果不好,大部分同学并未认真参与

8.您认为当代大学生的爱国行为表现存在的最大问题是

　　A.知行不合一

　　B.缺乏理性认知

　　C.事不关己高高挂起的冷漠态度

　　D.缺乏“一屋不扫何以扫天下”的踏实精神

9.您认为现阶段您所在的高校爱国主义教育发展程度如何

　　A.非常完善

　　B.不太完善,教学方法令人不太满意

　　C.不太完善,教学内容令人不太满意

　　D.不满意,身边爱国主义教育基本不存在

10.您参加爱国主义教育活动的原因

　　A.培养自身的爱国意识的情感　　　B.学习相关爱国知识

　　C.此类活动具有吸引力　　　　　　D.学校强制参加

11.您目前接受爱国主义教育的主要渠道有?〔多选题〕

　　A.思政课程　　　B.相关书籍　　　C.报纸　　　　　　D.电视

　　E.新媒体　　　　F.学校活动　　　G.周围人的熏陶　　F.其他

12.对于大学阶段的爱国主义教育,您希望出现什么内容?〔多选题〕

　　A.近代史讲解　　　　　　　　　　B.科普相关知识(国旗国徽等)

C.政治常识(人大、政府、政协等)　　D.时事热点新闻

E.文化方面的探究与讲解(旋律电影书籍等的分析)

13.您认为当前高校爱国主义教育中存在哪些问题[多选题]

A.学业繁忙

B.教育内容过时,老套无聊

C.教育形式单一,缺乏吸引力

D.离现在的生活太远,没有必要

E.认为自己充满爱国热情,无需参加

F.被迫参加,缺乏兴趣

14.对于爱国主义教育,您认为应当如何达到更好的效果[多选题]

A.趣味性　　　B.知识性　　　C.实践性　　　D.签到　　　E.计入学分

15.您希望以什么形式接受爱国主义教育[多选题]

A.讲座　　　　B.报刊书刊　C.电影电视　D.网络　　　E.其他

16.您认为哪种教育形式对爱国热情的培养影响大

A.家庭潜移默化　　　　　　　B.课本知识教育

C.社会舆论导向　　　　　　　D.其他

17.我们现在处于和平年代,您觉得敢于奉献、敢于牺牲的大无畏爱国主义精神有意义吗

A.非常有意义　　B.有意义　　　C.没有意义　　　D.不清楚

18.您对当代大学生的爱国主义教育有哪些建议?[填空题]

附录三

当代大学生马克思主义信仰教育调查问卷

同学:

您好!为了深入分析了解当代高校大学生马克思主义信仰教育的现状,研究新形势下改进高校马克思主义信仰教育的对策,而设计此问卷,承诺仅做科研使用。请您如实作答,谢谢您的参与!

1.您的民族

　A.少数民族　　　B.汉族

2.您的年级

　A.大一年级　　　B.大二年级　　　　C.大三年级　　　　D.大四年级

3.您的政治面貌

　A.中国共产党党员　　B.共青团员　　C.民主党派　　　　D.群众

4.您的性别

　A.男　　　　　　B.女

5.您所修的专业

　A.经管类　　B.理工农医　　　C.文史哲学　　　D.艺术类　　　E.其他专业

6.您的信仰是什么

　A.马克思主义信仰　　　　　　（至第 7 题）

　B.宗教信仰（佛教、基督教等）　（至第 12 题）

　C.金钱、权利　　　　　　　　（至第 12 题）

　D.鬼神　　　　　　　　　　　（至第 12 题）

　E.无信仰　　　　　　　　　　（至第 12 题）

7.您是如何理解马克思主义信仰的

A.对无产阶级精神领袖的信仰和崇拜

B.对马克思主义理论的坚信

C.坚持中国共产党的领导

D.认同追求马克思主义理论体系所蕴含的价值观念和核心理想

E.其他

8.您选择马克思主义信仰的主要原因是什么 [多选题]

A.它是社会的主流信仰　　　　B.入党的需要

C.符合自己的人生追求　　　　D.它是普遍真理

9.您的马克思主义信仰是否有改变

A.经常改变　　　　B.偶尔改变　　　　C.从未改变

10.您认为您的学校重视马克思主义信仰教育吗

A.非常重视　　　B.较为重视　　　C.一般重视　　　D.不重视

11.您认为接受马克思主义信仰教育有何意义 [多选题]

A.加深了对马克思主义理论体系的理解

B.有利于个人发展

C.获得了良师益友

D.充实了精神家园

[填写完该题,请跳至第 14 题]

12.您因何树立这一信仰

A.个人因素　　B.家庭影响　　C.学校影响　　D.社会影响　　E.其他

13.您认为您的信仰与学习马克思主义是否冲突

A.不冲突,我愿意积极主动学习

B.不冲突,但是我不会主动学习

C.冲突,但我不拒绝接受马克思主义教育

D.冲突,我抗拒接受马克思主义教育

14.您的最大理想是

　　A.有高收入　　　　　　　　　　B.有较高的社会地位

　　C.具有高尚的人格　　　　　　　D.家庭美满

　　E.为祖国做贡献

15.您开始全面学习马克思主义理论的方式和途径是［多选题］

　　A.大众传播宣传　　　　　　　　B.亲朋好友分享

　　C.高校思政课堂　　　　　　　　D.其他

16.您为什么学习马克思主义的课程［多选题］

　　A.完成课程任务,获得学分　　　　B.为考研、就业做准备

　　C.获得马克思主义相关理论知识　　D.获得价值的提升

17.当网页推送十九届五中全会相关报道时,您会

　　A.仔细阅读　　　B.大致浏览　　　C.直接忽略　　　D.从来没见过

18.您是否愿意用习近平新时代中国特色社会主义思想武装头脑

　　A.愿意,已经这么做了　　B.愿意,但还没落实　　C.不愿意

19.您参加过马克思主义教育的实践活动吗

　　A.经常　　　　　　　B.偶尔　　　　　　　C.从未

20.您学校是否有关于马理论的社团或选修课

　　A.3 个及以上　　　B.1—3 个　　　　C.没有　　　　D.不知道

21.您会选择以下哪几个社团参加［多选题］

　　A.篮球协会　　　　　　　　　　B.青年马克思主义发展学会

　　C.大学生音乐学会　　　　　　　D.心理协会

22.您怎么看待学习青年大学习

　　A.很有必要,可以学习时事　　　　B.只是学校任务

　　C.非常麻烦,没什么用处

23.您认为影响马克思主义信仰教育效果的因素有[多选题]

  A.教师知识水平   B.教师的魅力   C.教师的教授水平

  D.自身的知识水平   E.个人需要   F.日常生活

24.您认为许多大学生对马克思主义感情淡漠的原因是 [多选题]

  A.社会主义市场经济条件下,马克思主义已经不具有重要指导意义

  B.马克思主义局限于理论方面,不具有实践性

  C.网络环境影响

  D.多元文化影响

  E.学校教育存在问题

  F.社会现实存在负面影响

  G.其他

25.您认为您的思政课教师的水平是

  A.理论知识非常丰富,教学方式合理

  B.理论知识较为丰富,但只注重理论灌输

  C.理论知识薄弱,课堂死板无趣

26.如何评价您学校的思政课堂

  A.教育形式和手段多样,教育效果非常好

  B.教育形式和手段落后,教育效果一般

  C.教学内容脱离学生需求,不愿学习

  D.完全是了应付考试,照本宣科

附录四

大学生消费情况调查问卷

1.您的性别

　　○ 男

　　○ 女

2.您的年级

　　○ 大一

　　○ 大二

　　○ 大三

　　○ 大四

3.您的家庭所在地

　　○ 一、二线城市城区

　　○ 三、四线城市城区

　　○ 城郊、中小县城

　　○ 乡镇、农村

4.您在校期间的平均月消费 [单选题]

　　○ 600—1000

　　○ 1000—1500

　　○ 1500—2000

　　○ 2000 以上

5.您的生活费来源 [多选题]

　　○ 父母给予

○ 校内助学

○ 校外实体兼职

○ 网络兼职

○ 奖学金

○ 信用卡

○ 其他

6.您觉得自己的生活费

○ 有富余

○ 刚好够用

○ 不够

7.您的月消费多用在哪些方面 [多选题]

○ 伙食

○ 购置衣物

○ 交通通讯

○ 生活用品

○ 日常交际

○ 学习用品

○ 娱乐旅游

8.花钱方式是

○ 全部计划好再花

○ 能省则省

○ 想花就花

○ 一边花一边打算

○ 其他

9.每月的生活费有余时,您会把它用于〔多选题〕

　　○ 吃喝

　　○ 旅游

　　○ 添置衣物

　　○ 买书

　　○ 存起来

　　○ 其他

10.您会使用哪些预支方式付款〔多选题〕

　　○ 从不

　　○ 花呗

　　○ 借呗

　　○ 信用卡

　　○ 其他

11.您的购物的方式通常为

　　○ 实体店

　　○ 网购

12.您多久与同学或朋友间聚餐

　　○ 从不

　　○ 一月一次或两次

　　○ 一周一次或两次

13.与朋友聚餐大多数时,您对餐厅的选择

　　○ 商场里的餐厅

　　○ 校外小餐馆

　　○ 高档餐厅

　　○ 学校食堂

14.您是否会购买奢侈品？

○ 从不

○ 偶尔

○ 经常

15.您对于奢侈品的态度

○ 喜欢但费用不够

○ 喜欢且会经常购买

○ 不接受

16.您对理性消费和非理性消费的区分认知

○ 非常明确

○ 明确

○ 不太明确

○ 不知道

17.您是否有过不理智消费

○ 偶尔有

○ 经常有

○ 没有

18.您平时通过哪些途径接受到消费观教育 [多选题]

○ 学校教育

○ 家庭教育

○ 社会教育

○ 自我教育

○ 其他

19.您对大学生消费观教育内容的了解程度

○ 非常了解

○ 了解

○ 不太了解

○ 完全没听说过

20.您认为消费观教育对实际消费行为的作用

○ 作用很大

○ 有一定作用

○ 作用不大

○ 不确定

21.您认为消费观教育有必要吗

○ 有

○ 有,但是作用不大

○ 很有必要

○ 没有必要

○ 根据个人需要

22.您希望以哪种方式接受消费观教育

○ 高校引导

○ 家庭引导

○ 社会宣传

○ 自我教育

○ 其他

附录五

关于网络时代思想政治教育面临的机遇和挑战的调查问卷

您好! 感谢您百忙之中参与我们的问卷调查。我们主要是针对网络时代思想政治教育的现状以及目前面临的机遇挑战展开调查, 以寻求解决难题的对策。对于下列问题, 请您选择一个合适的选项填写, 本次调查以无记名的形式进行, 答案无所谓对错, 请表达您的真实的想法和看法。感谢您的大力支持! 祝您生活愉快!

1.您每天的上网时间大约是多少?

　　○ 1—2 小时

　　○ 3—4 小时

　　○ 5—6 小时

　　○ 6 小时以上

2.您经常上网获取信息吗?

　　○ 经常

　　○ 偶尔

　　○ 极少

3.您从网络获取信息的途径有哪些? 〔多选题〕

　　○ 电子书

　　○ 网站

　　○ 短视频

　　○ 新闻报道

　　○ 学习软件

○ 社交软件

4.您觉得网络获取信息方便吗？

　　○ 方便

　　○ 麻烦

5.结合生活实际,您是否认为我们已经迎来了全新的网络时代？

　　○ 是

　　○ 否

6.您认为自身价值观的形成受到网络相关信息影响的程度如何？

　　○ 完全受网络信息影响

　　○ 影响较大

　　○ 影响不大

　　○ 毫无影响

7.您认为当前网络的发展对于思想政治教育的影响如何？

　　○ 影响较大

　　○ 有一定影响

　　○ 毫无影响

8.您认为当前网络时代对于思想政治教育而言是机遇还是挑战？

　　○ 机遇

　　○ 挑战

　　○ 机遇与挑战并存

9.与传统思想政治教育相比,您是否更青睐于网络时代思想政治教育？

　　○ 是

　　○ 否

10.与传统思想政治教育相比,您更喜欢网络时代思想政治教育的原因是?

[多选题]

○ 丰富新颖的内容

○ 生动活泼的方式

○ 方便快捷的途径

○ 与时俱进的时效

11.您在网络时代参与思想政治教育过程中遇到了哪些难题?[多选题]

○ 不良信息的出现

○ 广告窗口时不时弹出

○ 网络操作不够熟练

○ 有效信息难以获取

12.您认为当前网络时代思想政治教育的相关法律法规是否足够完善?

○ 十分完善

○ 较为完善

○ 尚不完善

13.您认为网络时代思想政治教育工作者必须具备哪些素质?[多选题]

○ 坚定的政治立场

○ 过硬的知识储备和教学本领

○ 基本的网络应用能力

○ 与时俱进的思想观念

14.您认为学校应如何破解当前网络时代思想政治教育面临的难题,提升其

实效性?[多选题]

○ 完善相应的设施

○ 培养高质量的师资队伍

○ 创新教育教学方法

○ 构建网络思想政治教育平台和阵地

○ 提高学生参与度

15.从自身实际出发,您认为我们应如何更好的参与到网络时代思想政治教育之中?[多选题]

○ 培养自控力,自觉抵制不良信息

○ 提高辨别力,判断网络信息真伪

○ 发挥积极性,主动参与学习过程

○ 提升学习力,利用机会完善自我

○ 随心所欲,以自我为中心

16.您对于促进网络时代思想政治教育更好地发展有什么建议?[填空题]

附录六

微博对大学生思想政治教育影响的调查(A)

亲爱的同学们：

大家好！我是马克思主义学院的调查员,为了解微博在大学生中的使用现状及微博对大学生思想政治教育的影响特进行此问卷调查,其结果仅用于课题研究。您的答案没有对错之分,不涉及个人隐私,所以请您根据自己的实际情况,按照个人的真实感受进行回答。请您选择您所期望的答案或在横线上填写您的想法。我们会对每位同学的回答严格保密。谢谢您的合作,非常感谢您的参与！

1.您的性别

  A.男   B.女

2.您的年级

  A.大一   B.大二

  C.大三   D.大四

3.您的专业属于

  A.人文社科类   B.理工类

  C.艺术体育类   D.其它_____

4.您是微博的用户吗?

  A.是（请跳至第 5 题）

  B.不是（请跳至问卷末尾,提交答卷）

5.您使用微博多久了?

  A.最近一个月才使用

B.一年以内

C.一年以上

6.您日常使用微博的频率是

　A.微博达人,随时在线

　B.空闲时间频繁使用

　C.空闲时间偶尔使用

　D.注册了以后没怎么上过

7.您最常用什么方式发布微博

　A.电脑网页发布

　B.手机发布

　C.两者兼有

8.您登陆微博一般做些什么?〔多选题〕

　A.记录自己的生活状态和心情

　B.浏览关注的人动态情况和观点

　C.认识陌生人,扩大交友圈

　D.分享信息、图片、视频等

　E.查看对自己或某人的口碑评价

　F.提出问题,希望获得更多人的建议

　G.转发评论能得到免费的奖品

　H.其他_____

9.您最喜欢微博中的传播内容的形式是

　A.图片

　B.文字

　C.视频

　D.多种形式的结合

10.与传统媒体相比,您认为使用微博〔多选题〕

    A.微博同样是传播的一种技术,并不能真正推动民主进程

    B.具有相对宽松自由的言论环境

    C.微博碎片化的表达让我觉得缺乏深度和逻辑

    D.流言、谣言在微博上的传播更难以辨别和控制

    E.微博更能反映出大家真正关心的话题

    F.微博更能激发人的创造力,言辞更容易吸引人

    G.其他_____

11.您在微博中关注的对象类型有哪些?〔多选题〕

    A.社会新闻类

    B.专业领域类

    C.生活常识类

    D.明星、时尚、娱乐类

    E.国家政府相关的官方类

    F.同学朋友类

    G.其他_____

12.您在微博上主要关注哪些方面的内容?〔多选题〕

    A.时政要闻

    B.文学艺术

    C.生活资讯

    D.闲闻轶事

    E.科学教育

    F.八卦娱乐

    G.明星偶像

    H.其他_____

13.您的微博是实名还是匿名?

　　A.实名

　　B.匿名

14.您会选择您的个人信息公开程度是

　　A.全部公开

　　B.部分公开

　　C.完全保密

15.您喜欢在微博上发表个人的真实想法吗?

　　A.喜欢

　　B.不喜欢

16.您怎么看微博对您生活的影响呢?［矩阵单选题］

	很不赞同	不赞同	一般	赞同	很赞同
1.微博的话题能激发我的思考,给我启迪	○	○	○	○	○
2.微博成为我重要的信息来源	○	○	○	○	○
3.官方机构开微博,使我更易获取时政信息	○	○	○	○	○
4.有了可以让别人了解自己的途径	○	○	○	○	○
5.提升自身知识水平,开阔视野	○	○	○	○	○
6.信息更新快、内容多且琐碎,浪费时间	○	○	○	○	○
7.提供了宽松自由的言论环境	○	○	○	○	○
8.微博改变了我的生活方式	○	○	○	○	○
9.微博是利大于弊的	○	○	○	○	○
10.微博的虚假信息为我带来不便	○	○	○	○	○
11.容易泄露隐私	○	○	○	○	○

17.您对现在使用微博的满意度如何?［矩阵文本题］［输入 0 到 5 的数字］

满意度	_____

18.您将微博得到的信息运用到生活中的程度是?

　A.充分运用

　B.简单运用

　C.没运用

19.您目前主要通过什么途径来了解思想政治教育相关信息?[多选题]

　A.课堂教育

　B.电视媒体

　C.网页新闻

　D.报纸、杂志等传统纸媒

　E.微博、微信等新媒体

　F.身边亲人朋友的讨论

　G.其他_____

20.您看到一些微博平台上发布的社会新闻时的态度[多选题]

　A.跟风,相信截取的视频和发布的文字真实可信

　B.在看到别的角度的报道后,持怀疑态度

　C.冷静客观,有想要寻求真相的冲动但最终不了了之

　D.冷静客观,寻找并相信权威发布的报道

　E.无所谓态度,看到自媒体言之凿凿的推文会被带动情绪

　F.其他_____

21.您认为微博平台有哪些弊端?[多选题]

　A.使用群体文化水平不一,认知存在差异

　B.信息来源难以追溯,真假难辨

　C.信息传播不透明,出现信息失真

　D.监管力度不足,存在漏洞

　E.其他_____

22.您是否会通过微博平台获取思想政治教育相关知识?

    A.会

    B.不会

23.您是否会在微博上主动发布有关思想政治的内容(表达情感、进行讨论等)?

    A.不会发布,默默观望

    B.偶尔发布对大事件的想法观点

    C.根据新闻热点经常发布

24.您周围有多少同学积极关注微博上的相关思想政治新闻?

    A.不清楚

    B.一小部分

    C.大致一半

    D.绝大多数

25.您在浏览时,会主动关注社会、政府相关的政治新闻吗?

    A.不会主动看

    B.根据热搜推荐,略看内容

    C.主动查找感兴趣的政治新闻

    D.对于感兴趣的新闻进行讨论或转发

26.您认为微博媒体对于思想政治方面的内容发布是否及时?

    A.不清楚

    B.比较及时

    C.很及时,第一手资讯

27.您认为微博对您的思想政治教育带来了哪些影响?

    A.完善自身价值观

    B.提升思想政治素养

C.端正思想态度

D.改善自身行为方式

E.自愿关注国家时事政治

F.清楚了解国家的政治方向

G.熏陶出爱国主义精神

H.其他 _____

28.您所在的学校是否开通了学校官微?

A.没有开通（请跳至第 30 题）

B.开通了（请跳至第 29 题）

29.您所在的学校官微一般发布什么内容?［多选题］

A.关于学校事务的

B.关于知识、技能学习的

C.关于思想政治的

D.关于时事新闻的

E.关于心灵鸡汤的

F.其他 _____

30.以微博为平台,您对使用微博进行思想政治教育的建议［填空题］

_____

非常感谢您对我此次问卷调查工作的配合！您的回答所提供的信息对我的调查非常有价值,也希望我的调查能够对您有所启发！再次对您的支持表示衷心的感谢！祝您愉快！

访谈提纲(B)

(开场白)您好！我是马克思主义学院的调查员,为了解微博在大学生中的使用现状及微博对大学生思想政治教育的影响特进行此访谈,其结果仅用于课题研究。您的答案没有对错之分,不涉及个人隐私,所以请您根据自己的实际情况，按照个人的真实感受进行回答。我们会对您的回答严格保密。谢谢您的合作,非常感谢您的参与！另外,为了能够更精确的记录您的答案,以下对话我会录音,谢谢您的配合！

一、学生个人信息

 1.学生的性别、年级、所在专业分类

 2.是否使用微博

 3.个人对于思想政治教育的了解

 4.个人对于微博及微博对于思想政治教育的看法

二、思想政治教育方式

 1.若是不使用微博

  (1)学校是否有官微　　　　(2)了解学校思想政治教育的方式

 2.若是使用微博

  (1)学校是否有官微

  (2)学校官微发布什么内容

  (3)是否会使用微博进行思想政治教育

  (4)微博对于思想政治教育的影响与建议

三、调查员对于访谈效果进行评估与分析

(结束语)我们的访谈到这里就结束了,再次感谢您的帮助和配合,您如果后期对我的访谈有什么建议和要求,也可以及时和我联系反馈,期待您的宝贵意见,祝您学习进步,身体健康！

附录七

关于社团在大学生思想政治教育中的作用研究的调查问卷

亲爱的同学,您好:

首先感谢您填写这份问卷。我是曲阜师范大学马克思主义学院思想政治教育专业的调查员,为了解大学生社团思想政治教育功能现状,特做此调查。所有的答案没有对错之分,您只需按照自己的真实情况和第一感觉填写即可。本次调查问卷不记名,对您提供的答案绝对保密。您的真实意见和建议对我们非常重要,希望能得到您的支持和协助,谢谢!

1.您的性别是

  ○ 男

  ○ 女

2.您目前所处年级

  ○ 大一

  ○ 大二

  ○ 大三

  ○ 大四

  ○ 研究生

3.您所参加社团的类型是

  ○ 思想政治类

  ○ 学术科技类

  ○ 创新创业类

  ○ 文化体育类

○ 志愿公益类

○ 自律互助类

○ 其他类

4.您是否加入动漫社团

○ 是

○ 否

5.参加社团是否对自己有学习和思想上的提升和帮助

○ 是

○ 否

6.您加入社团的最初目的是［多选题］

○ 兴趣爱好

○ 增长知识,锻炼能力

○ 提高思想道德修养

○ 评得荣誉需要社团证书

○ 认识朋友,扩大人际交往圈

○ 打发时间

7.您所在社团开展的活动主要是哪一类型的活动

○ 娱乐型活动

○ 研究性活动

○ 公益性活动

○ 学习型活动

8.您参加社团活动的频率是

○ 每次都参加

○ 经常参加

○ 偶尔参加

○ 基本不参加

9.您所参加的社团是否有充足的场地和设备

○ 有

○ 无

10.您所在社团是否经常举办思想政治教育类活动

○ 经常

○ 偶尔

○ 很少

○ 从没举办过

○ 不清楚

11.您所在社团开展思想政治教育活动的形式是否丰富

○ 十分丰富

○ 较为丰富

○ 不丰富,只搞形式主义

12.您所在社团活动的思想政治教育效果是否理想

○ 很理想

○ 一般

○ 不理想

○ 没有任何效果

13.您认为社团进行思想政治教育的环境氛围如何

○ 很好

○ 较好

○ 一般

○ 很差

14.在社团中开展思想政治教育,您对哪些内容更感兴趣［多选题］

　　○ 理论学习

　　○ 时政交流

　　○ 与社团性质相近的文化活动

　　○ 就业创业的相关事务

　　○ 学习法律知识的实务模拟

15.每次参加完社团活动您的感觉或收获是［多选题］

　　○ 发挥了自己的特长

　　○ 获得升华,思想水平有所提高

　　○ 愉悦满足并期待着下次活动

　　○ 学到了新东西

　　○ 交到了新朋友

　　○ 一般般,没感觉

　　○ 很无趣,下次不想再参加了

16.您认为大学生社团有利于大学生哪些素质发展［多选题］

　　○ 思想道德素质

　　○ 知识能力素质

　　○ 身体素质

　　○ 心理素质

　　○ 其他

17.您认为社团锻炼了自己的哪些能力［多选题］

　　○ 表达能力

　　○ 读写能力

　　○ 社会交往能力

　　○ 组织管理能力

    ○ 正确判断和解决问题的能力

    ○ 自我调节和控制能力

    ○ 创造性思维能力

18.您希望您所在的社团今后以何种形式开展思想政治教育活动［多选题］

    ○ 学术知识性讲座

    ○ 集体学习理论或观看视频

    ○ 动手实践

    ○ 知识竞赛

    ○ 趣味性娱乐活动

19.您认为社团开展思想政治教育活动有哪些作用［多选题］

    ○ 加深对党和社会主义的了解

    ○ 培养社会责任和爱国意识

    ○ 增强心理素质

    ○ 提高思想道德水平

    ○ 树立正确的世界观、人生观、价值观

    ○ 提高团队合作意识、集体主义精神

20.您认为学校社团存在的较大的问题是什么［多选题］

    ○ 学校对社团活动重视不够

    ○ 社团开展活动太少

    ○ 社团活动的影响力不够

    ○ 活动形式陈旧,缺乏创新

    ○ 思想政治教育活动认可度不高

    ○ 思想政治教育针对性与实效性不足

    ○ 思想政治教育功能发挥的传承性较差

    ○ 思想政治教育功能发挥效果不理想

21.您认为高校对社团思想政治教育活动的管理和指导情况如何

　　○ 很好

　　○ 较好

　　○ 一般

　　○ 不重视

　　○ 很差

22.您所在社团指导教师的配合与参与活动情况如何

　　○ 有指导教师,每次活动都参加

　　○ 有指导教师,经常参加社团活动

　　○ 有指导教师,但很少参加社团活动

　　○ 有指导教师,但几乎不参加社团活动

　　○ 无指导教师

23.您所在社团的负责人重视在社团中开展或渗透思想政治教育吗

　　○ 十分重视

　　○ 较为重视

　　○ 一般

　　○ 不重视

　　○ 不清楚

24.您认为应如何使社团思想政治教育功能更好发挥 [多选题]

　　○ 巩固马克思主义思想的指导地位

　　○ 学校加大资金投入

　　○ 加强形式和内容上的创新

　　○ 多多开展社会实践活动

　　○ 建立完善的体制机制

　　○ 开展经典类活动

　　○ 合理奖惩

附录八

关于拜金主义思潮对当代大学生价值观影响的调查问卷

1.您的性别

　　○ 男

　　○ 女

2.您的年级

　　○ 大一

　　○ 大二

　　○ 大三

　　○ 大四

3.您的家庭位置

　　○ 城市

　　○ 城镇

　　○ 农村

4.您的专业

　　○ 理科

　　○ 工科

　　○ 文科

　　○ 艺术体育

5.您是否为独生子女

　　○ 是

　　○ 否

6.您平均一个月的生活费

○ 0—1000

○ 1000—2000

○ 2000—3000

○ 3000 以上

7.您在满足日常必要开销之外,您剩余的生活费还会以何种方式进行消费

[多选题]

○ 以生活用品和学习用品为主

○ 用于购买衣服和化妆品

○ 娱乐消遣支出

○ 存起来

○ 恋爱支出

○ 其他

8.想要一个东西但目前没有足够金钱去购买时,您会怎么做?

○ 选择放弃购买,不会继续考虑

○ 在喜欢的情况下,会通过网贷购买

○ 利用手机各分期软件,选择分期付款购买

○ 过一段时间再选择购买

9.您是否用过花呗、分期乐、信用卡等支付功能?

○ 并未使用过

○ 在有需要时会开通

○ 使用次数较少

○ 购物时优先选择

10.您是否认为当今社会的拜金现象很普遍

○ 十分不认同

　　○ 比较不认同

　　○ 一般

　　○ 可以认同

　　○ 十分同意

11.您认为物质和幸福两者之间的关系大吗？

　　○ 有直接关系

　　○ 一般

　　○ 没有直接关系

12.在参加活动时,您认为实物奖赏和口头鼓励哪个更具吸引力？

　　○ 实物奖励

　　○ 口头鼓励

　　○ 重在参与

13.您是否同意购物时产品的品牌是重要考虑因素

　　○ 不同意

　　○ 一般

　　○ 可以认同

　　○ 十分同意

14.您认为送礼请客是维系现今社会人际关系的纽带

　　○ 十分不认同

　　○ 比较不认同

　　○ 一般

　　○ 可以认同

　　○ 十分同意

15.在学校里,很多人物质追求时尚品牌,相互攀比,您是否认同

　　○ 十分不认同

○ 比较不认同

○ 一般

○ 可以认同

○ 十分同意

16.对于"宁愿在豪车里哭,也不愿在自行车上笑"您怎么看?

○ 完全赞同

○ 保持中立

○ 不能接受

17.您是否认为拜金现象对社会危害很大

○ 十分不认同

○ 比较不认同

○ 一般

○ 可以认同

○ 十分同意

18.您是否认为遏制拜金主义是十分有必要的

○ 十分不认同

○ 比较不认同

○ 一般

○ 可以认同

○ 十分同意

19.拜金主义思潮在学校中会传播开来,您认为是何种原因造成?［多选题］

○ 网络上大众媒体对拜金主义的大肆宣传

○ 学校教育缺少对大学生的正确引导

○ 因为教育问题,学生之间存在恶性竞争、攀比心理

○ 父母未做好榜样作用,冲击子女的价值观

　　○ 个人之间的享乐主义诱导学生产生拜金思想

　　○ 其他

20.您认为我们目前可以从哪些方面着手,对拜金主义思潮进行有效地遏制?

　　[多选题]

　　○ 学生要有意识地辨别拜金思潮

　　○ 在社会环境内弘扬正能量,形成正确的舆论导向

　　○ 高校积极配合国家政策,创造良好的学校氛围

　　○ 家长做好自身的榜样作用,以积极正确的人生观,引领学生

　　○ 其他

附录九

关于高校思政课师生互动现状的调查问卷

亲爱的同学们:您好！为改进教学方法,提高高校思政课的课堂效果,对本校思政课课堂师生互动的情况进行调查问卷。请您根据实际情况如实填写。非常感谢您的配合！

1.您目前就读的年级

○ 大一

○ 大二

○ 大三

○ 大四

2.您的性别

○ 男

○ 女

3.您喜欢思政课吗

○ 很喜欢

○ 比较喜欢

○ 一般

○ 不太喜欢

○ 很不喜欢

4.您认为思政课师生互动的频率如何

○ 太少

○ 偶尔

○ 适中

○ 太多

5.思政课上教师采取的师生互动的方式有哪些［多选题］

○ 传统课堂教学

○ 小组讨论 代表回答

○ 小组合作 PPT 展示

○ 辩论赛

○ 情景剧

○ 其他

6.您喜欢的思政课师生互动的方式有哪些［多选题］

○ 传统课堂教学

○ 小组讨论 代表回答

○ 小组合作 PPT 展示

○ 辩论赛

○ 情景剧

○ 其他

7.您认为思政课中师生互动选择的内容［多选题］

○ 脱离现实社会,未与时俱进

○ 脱离个体需要,与自身实际关系不大

○ 贴近现实社会

○ 贴近自身实际

8.思政课上教师采取的师生互动的形式有哪些

○ 课前互动

○ 课上互动

○ 课后互动

○ 线上互动

9.您如何对待思政课中的师生互动

　　○ 认真参与

　　○ 敷衍对待

　　○ 不参与

10.您在思政课上会主动提出问题或看法吗

　　○ 从不

　　○ 偶尔

　　○ 经常

11.您认为参与师生互动是否会对自己产生有利影响

　　○ 是

　　○ 否

主要参考文献

1.《马克思恩格斯选集》(第一——四卷),人民出版社,2012年。

2.《毛泽东选集》(第一——四卷),人民出版社,1991年。

3.《习近平谈治国理政》(第一卷),外文出版社,2014年。

4.《习近平谈治国理政》(第二卷),外文出版社,2017年。

5.毕红梅、陈万柏主编:《思想政治教育学原理》,中国人民大学出版社,2021年。

6.曹士东:《高职院校大学生思想政治教育研究》,合肥工业大学出版社,2009年。

7.柴世强主编:《大学生思想政治教育读本》,内蒙古人民出版社,2011年。

8.陈笃彬:《大学生思想政治教育理论与实证》,人民出版社,2011年。

9.陈福生、方益权、牟德刚:《大学生思想政治教育新论》,浙江大学出版社,2008年。

10.陈明吾:《全球化背景下我国大学生爱国主义教育研究》,长江出版社,2014年。

11.陈万柏、张耀灿主编:《思想政治教育学原理(第三版)》,高等教育出版社,2015年。

12.程文晋、渠长根、武彩鸿主编:《自我教育论》,气象出版社,1998年。

13.崔莹、张爱军:《微博舆论导向研究》,天津人民出版社,2019年。

14.邓演平:《大学生思想政治教育论》,湖南大学出版社,2010年。

15.丁凯:《自媒体时代高校宣教网络建设研究》,中国人民大学出版社,2017年。

16.丁科:《网络思想政治教育主体间性研究》,四川大学出版社,2017年。

17.杜子建、侯锷编:《企业微博管理手册》,印刷工业出版社,2011年。

18.谷生然主编:《马克思主义信仰论》,人民出版社,2015年。

19.广东省高等学校思想政治教育研究会秘书处编:《大学生思想政治教育论丛》,中山大学出版社,2009年。

20.黄明伟:《大学生网络思想政治教育实施要素研究》,新华出版社,2007年。

21.季海菊:《新媒体时代高校思想政治教育的解构与重塑》,东南大学出版社,2014年。

22.姜燕主编:《大学生思想政治教育案例分析》,科学出版社,2010年。

23.教育部思想政治工作司、教育部高等学校社会科学发展研究中心编:《大学生思想政治教育"十个如何"研究》,高等教育出版社,2007年。

24.教育部思想政治工作司编:《加强和改进大学生思想政治教育重要文献选编》,中国人民大学出版社,2008年。

25.教育部思想政治工作司编:《加强和改进大学生思想政治教育重要文献选编》,中国人民大学出版社,2014年。

26.李慧惠:《大学生的心理健康与自我教育》,东北师范大学出版社,2016年。

27.李开世:《大学生思想政治教育实践研究》,西南交通大学出版社,

2011 年。

28.李克敏:《当代大学生思想政治教育理论与实践研究》,天津人民出版社,2006 年。

29.李儒寿:《新时期大学生思想政治教育的实践与探索》,新华出版社,2006 年。

30.李天友、杨胜群、庞国伟:《高校学生工作研究与实践》,四川大学出版社,2015 年。

31.李维:《认知心理学研究》,浙江人民出版社,1998 年。

32.李文山:《科学发展观与大学生思想政治教育创新研究》,河南大学出版社,2009 年。

33.李向成:《高校学生思想政治教育探析》,四川大学出版社,2006 年。

34.梁金霞:《大学生思想政治教育热点问题研究》,山东大学出版社,2006 年。

35.刘福州:《社会转型期拜金主义现象透视》,中国书籍出版社,2007 年。

36.刘建军:《马克思主义基本原理与当代中国思想政治教育专题研究》,中国人民大学出版社,2018 年。

37.刘建军:《守望信仰》,人民出版社,2013 年。

38.刘书林、陈立思:《青年思想政治教育学原理》,中国青年出版社,1999 年。

39.刘小春:《高校网络思想政治教育引论》,重庆大学出版社,2021 年。

40.刘永安:《马克思恩格斯道德思想论要》,南京大学出版社,2018 年。

41.刘占军:《新时代大学生思想政治教育着力点研究》,陕西人民出版社,2019 年。

42.卢嘉瑞、吕志敏等主编:《消费教育》,人民出版社,2005 年。

43.陆庆壬主编:《思想政治教育学原理》,高等教育出版社,1991 年。

44.罗洪铁:《思想政治教育专题研究》,中央文献出版社,2007 年。

45.罗子明主编:《消费者心理学》,清华大学出版社,2007 年。

46.吕振宇、李明:《论社会主义核心价值体系》,山东人民出版社,2009 年。

47.蒙秋明:《社会主义荣辱观与大学生思想政治教育》,贵州人民出版社,2006 年。

48.苗丽芬:《大学生日常思想政治教育实效性研究》,高等教育出版社,2009 年。

49.潘传辉:《新媒体时代思政教育创新探索》,黑龙江人民出版社,2019 年。

50.彭晓玲等:《高等教育大众化条件下大学生思想政治教育创新研究》,四川大学出版社,2009 年。

51.邱伟光主编:《思想政治教育学概论》,天津人民出版社,1988 年。

52.徐建军编:《少数民族大学生思想政治教育理论与方法》,人民出版社,2011 年。

53.佘双好:《大学生思想政治教育研究方法》,高等教育出版社,2010 年。

54.石海兵:《青年价值观教育研究》,安徽人民出版社,2007 年。

55.宋敏娟:《当代大学生马克思主义信仰教育研究》,复旦大学出版社,2018 年。

56.宋元林等:《网络时代大学生思想政治教育导论》,湖南人民出版社,2002 年。

57.宋元林、陈春萍等:《网络文化与大学生思想政治教育》,湖南人民出版社,2006 年。

58.田芯:《中国社会可持续发展的消费伦理研究》,东北财经大学出版社,2016 年。

59.汪铮:《大学生思想政治教育研究》,西南交通大学出版社,2017 年。

60.王斌、赵露:《高校学生社团建设的理论与实践》,四川大学出版社,2014 年。

61.王海:《和谐社会构建过程中的大学生思想政治教育论》,华中师范大学出版社,2007 年。

62.王开莉:《当代高校马克思主义信仰教育研究》,中国社会科学出版社,2019 年。

63.王宁主编:《消费社会学(第 2 版)》,社会科学文献出版社,2011 年。

64.王萍:《高校思想政治教育研究》,吉林文史出版社,2019 年。

65.王瑞祥、赵迎新、李贺文主编:《大学生思想政治理论课实践教育》,复旦大学出版社,2011 年。

66.王康喜主编:《大学生思想政治教育实践论》,团结出版社,1998 年。

67.教育部思想政治工作司:《社会工作方法在大学生思想政治教育中的运用》,高等教育出版社,2010 年。

68.王易:《当代大学生价值观调查报告》,中共党史出版社,2008 年。

69.吴康宁主编:《课堂教学社会论》,南京大学出版社,1999 年。

70.吴康宁主编:《教育社会学》,人民教育出版社,2007 年。

71.吴霓:《新时代爱国主义教育》,人民日报出版社,2020 年。

72.吴照峰:《自我教育机制研究》,西北大学出版社,2014 年。

73.武文军:《拜金主义的过去与现在》,甘肃人民出版社,1990 年。

74.夏春海:《金钱与人生》,内蒙古人民出版社,2000 年。

75.夏智伦、徐建军主编:《大学生思想政治教育百佳案例》,湖南人民出版社,2010 年。

76.谢宏忠主编:《大学生价值观导向》,社会科学文献出版社,2009 年。

77.谢康生主编:《高校党委书记谈加强和改进大学生思想政治教育》,湖南人民出版社,2006 年。

78.谢庆良、陈根:《大学生思想政治教育读本》,中国农业出版社,2011 年。

79.徐柏才:《大学生思想政治教育的探索与研究》,华中师范大学出版社,

2008 年。

80.徐锋:《新中国大学生思想政治教育研究》,人民出版社,2013 年。

81.徐建军:《大学生思想政治教育前沿》,湖南人民出版社,2009 年。

82.徐建军:《大学生网络思想政治教育理论与方法》,人民出版社,2010 年。

83.徐星等:《马克思主义信仰问题研究》,复旦大学出版社,2018 年。

84.杨德广:《西方思潮与当代中国大学生》,河南人民出版社,1991 年。

85.杨桂兰主编:《大学生自我教育读本》,黑龙江人民出版社,2005 年。

86.杨建义:《大学生思想政治教育路径研究》,社会科学文献出版社,2009 年。

87.杨昆呈、杨静茹:《人文关怀视阈下高校思想政治教育研究》,河北人民出版社,2019 年。

88.杨晓慧:《社会主义核心价值体系融入大学生思想政治教育全过程的基本问题研究》,人民出版社,2011 年。

89.易红联:《大学生思想政治教育创新论》,云南人民出版社,2009 年。

90.尹世杰主编:《社会主义消费经济学》,上海人民出版社,1983 年。

91.尹世杰主编:《消费文化学》,湖北人民出版社,2002 年。

92.袁礼周等:《思想政治工作学理论基础》,团结出版社,1991 年。

93.张蕾蕾:《网络时代的智慧思政课》,上海社会科学院出版社,2021 年。

94.张思军、范华岭:《思想政治课教学中运用微格教学的理论与实践探索》,西南交通大学出版社,2017 年。

95.张彦:《思想政治教育主体性研究》,广东人民出版社,2006 年。

96.张耀灿、徐志远主编:《现代思想政治教育学科论》,湖北人民出版社,2003 年。

97.张耀灿等主编:《现代思想政治教育学》,人民出版社,2006 年。

98.张智主编:《新时代爱国主义教育十五讲》,中国人民大学出版社,

2021 年。

99.赵平俊:《促进学生的主体性发展》,中央民族大学出版社,2004 年。

100.郑红娥:《社会转型与消费革命——中国城市消费观念的变迁》,北京大学出版社,2006 年。

101.郑克强主编:《大学生思想政治教学案例 100 例》,人民出版社,2010 年。

102.郑少南:《大学生思想政治教育实效方法研究》,大连海事大学出版社,2006 年。

103.郑永廷主编:《思想政治教育方法论》,高等教育出版社,2010 年。

104.郑永廷主编:《思想政治教育学原理》,高等教育出版社,2016 年。

105.中华人民共和国教育部思想政治工作司编:《为加强和改进大学生思想政治教育提供坚强的组织保证》,人民教育出版社,2006 年。

106.周韫玉:《自我教育论》,华文出版社,2010 年。

107.朱健梅、桂富强:《以人为本的大学生思想政治教育实践与创新》,西南交通大学出版社,2008 年。

108.庄严:《大学生思想政治教育教学模式》,黑龙江大学出版社,2011 年。

109.邹绍清:《当代思想政治教育方法论发展研究》,人民出版社,2013 年。

110.佐斌:《师生互动论——课堂师生互动的心理学研究》,华中师范大学出版社,2002 年。

111.[德]哈贝马斯:《交往行动理论(第 1 卷)》,洪佩郁、蔺菁译,重庆出版社,1994 年。

112.[法]居伊·德波:《消费景观》,王昭凤译,南京大学出版社,2007 年。

113.[美]赫伯特·马尔库赛:《单向度的人——发达工业社会意识形态研究》,刘继译,上海译文出版社,2000 年。

114.[美]尼葛洛·庞帝:《数字化生存》,胡泳等译,海南出版社,1997 年。

115.[美]迈克尔·R.所罗门:《消费心理学》,王广新等译,中国人民大学出版社,2013年。

116.[英]迈克·费瑟斯通:《消费文化与后现代主义》,刘精明译,译林出版社,2000年。

117.[英]塞缪尔·斯迈尔斯:《信仰的力量》,余星等译,北京图书馆出版社,2000年。

后　记

　　本书是为了适应高等教育发展的形式而编写的系列教材之一，可作为高校思想政治教育专业的教材或者参考书。本书论述了大学生思想政治教育的相关问题，主要包括大学生思想政治教育中的自我教育、爱国主义教育、马克思主义信仰教育、消费观教育等，以及网络、微博、社团、师生互动对大学生思想政治教育的影响和作用。

　　本书由赵开开、苏童主持编写。具体分工为：第一讲，由赵开开、苏童撰写；第二讲，由刘佳琪、苏童撰写；第三讲，由王雅晴、苏童撰写；第四讲，由刘晓彤、苏童撰写；第五讲，由耿雨欣、苏童撰写；第六讲，由张晓敏、苏童撰写；第七讲，由冯明盼、苏童撰写；第八讲，由韩明月、苏童撰写；第九讲，由张晓凤、苏童撰写；第十讲，由孙倩、苏童撰写。全书由赵开开最后定稿，苏童审改了部分书稿。在校对过程中，谢晨曦、吴璇做了大量工作。

　　本书在编写过程中借鉴了学界已有的研究成果，参阅了学界同人的诸多编述，在此，谨向诸位前贤时彦深表谢意。天津人民出版社的编辑武建臣、郭雨莹为本书的出版付出了辛勤劳动。在此,我们致以诚挚的谢意。由于水平有限,本书定有不当或错误之处,敬请读者批评指正。

编 者

2022 年 10 月